Band 14

Historische
WAHRZEICHEN DER INGENIEURBAUKUNST
in Deutschland

Werner Lorenz • Roland May • Jürgen Stritzke

DIE GROSSMARKTHALLE LEIPZIG

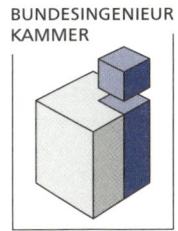

BUNDESINGENIEUR
KAMMER

Berlin 2013

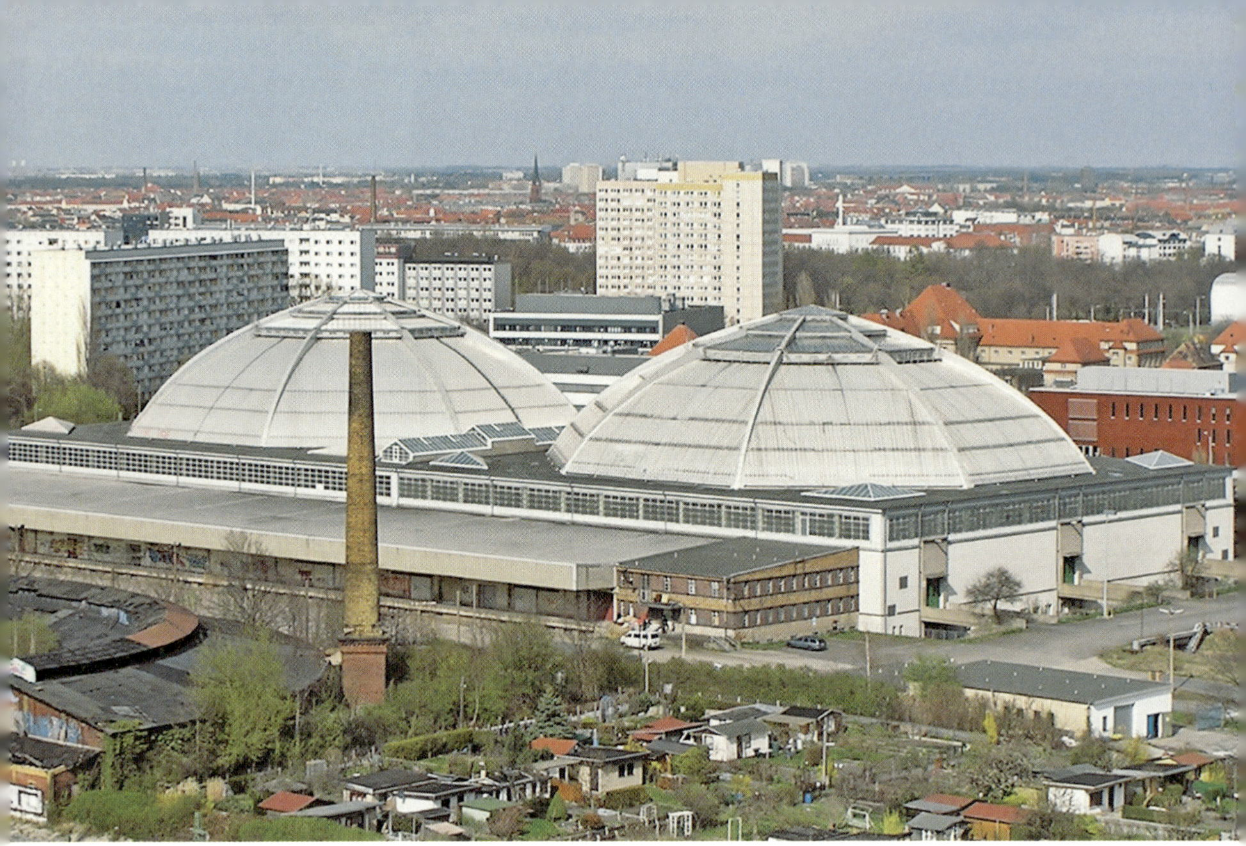

Autoren: Werner Lorenz • Roland May • Jürgen Stritzke
mit einem Beitrag von Peter Leonhardt

© Bundesingenieurkammer
Gesamtredaktion: Jost Hähnel
Redaktion/Lektorat: Dr. Gunhild Nitzsche
Gestaltung: Thomas Mengel

Bestellungen:
Über den Buchhandel und bei der
Bundesingenieurkammer
Charlottenstraße 4
10969 Berlin
Telefon +49(0)30 - 25 34 29 - 00
Telefax +49(0)30 - 25 34 29 - 03
www.bingk.de/order-hw

ISSN 2194-7856
ISBN 978-3-941867-14-7

1. Auflage: Oktober 2013

Mit Unterstützung durch:

Historische Wahrzeichen der Ingenieurbaukunst in Deutschland

Rendsburger Hochbrücke
13

Leuchtturm Roter Sand
7

Schwebefähre Osten
4

Alter Elbtunnel
8

Schiffshebewerk Niederfinow
1

Neues Museum Berlin
17
10
Flughafen Berlin-Tempelhof

Pumpwerk Alte Emscher
12

14
Großmarkthalle Leipzig

Göltzschtalbrücke
2

Sayner Hütte
5

Himbächel-Viadukt
6

Förderturm Camphausen IV
16

Fleischbrücke Nürnberg
9

Fernsehturm Stuttgart
3

Sauschwänzlebahn
15

König-Ludwig-Brücke Kempten
11

● ausgezeichnete Bauwerke

○ geplante Auszeichnungen
(Stand Oktober 2013)

Editorial

Die 1929 fertiggestellte Großmarkthalle Leipzig ist mit ihren zwei markanten Stahlbetonkuppeln nicht nur in technischer und baugeschichtlicher Hinsicht von großer Bedeutung. Sie ist zugleich ein Symbol für herausragende Inge-

nieurleistungen am Beginn des 20. Jahrhunderts. Die Ingenieure in Sachsen und der gesamten Bundesrepublik Deutschland stehen mit ihren Leistungen auch heute noch in dieser großen Tradition.

Als die Bundesingenieurkammer 2007 begann, *Historische Wahrzeichen der Ingenieurbaukunst in Deutschland* auszuzeichnen, war es Herr Prof. Stritzke, der den Beirat für die Großmarkthalle Leipzig begeistert hat. Die Ehrung dieses herausragenden Ingenieurbauwerks fand im Rahmen des 20-jährigen Gründungsjubiläums der Ingenieurkammer Sachsen am 17. Oktober 2013 statt und machte deutlich, welch hohe Anerkennung Ingenieurleistungen in diesem Bundesland genießen.

Die hier veröffentlichte Broschüre illustriert in vielfältiger Weise den baugeschichtlichen Stellenwert der Großmarkthalle Leipzig und möchte einen Beitrag zu ihrer Erhaltung und künftigen Nutzung leisten.

Wir wünschen allen Lesern viel Vergnügen bei der Lektüre.

Hans-Ullrich Kammeyer
Präsident der Bundesingenieurkammer

Dr. Arne Kolbmüller
Präsident der Ingenieurkammer Sachsen

Eine Entführung in den Leipziger Kohlrabizirkus

„Die säulenlose Ueberdeckung weiter Räume ist in den
letzten Jahren immer mehr zur stolzen Aufgabe des
Bauingenieurs geworden. Verglichen mit den Kup-
pel- und Hallenbauten der Vergangenheit, sind neuerdings
ganz gewaltige Abmessungen erreicht worden, namentlich
durch die immer weiter entwickelte Anwendung der Schalengewölbe mit ihren außerordentlich dünnen Wandstärken und
geringen Gewichten."[1]

Als der Bauingenieur Adolf Kleinlogel (1877–1958) im
Jahr 1932 dieses Loblied auf die beachtlichen Möglichkeiten
der neuartigen Stahlbetonschalenbauweise verfasste, hatte er zweifellos die beiden 1929 vollendeten Schalenkup-

peln der Leipziger Großmarkthalle vor Augen. Sie hatten
gerade den erst 16 Jahre alten Spannweiten-Weltrekord für
Massivkuppeln der noch als Rippenkuppel erbauten *Breslauer Jahrhunderthalle* übertroffen.

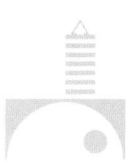

In weniger als drei Jahren wurde das imposante Ingenieurbauwerk in enger Zusammenarbeit zwischen den Bauingenieuren Franz Dischinger (1887–1953) und seinem Mitarbeiter Hubert Rüsch (1904–1979) sowie dem Leipziger Stadtbaurat Hubert Ritter (1886–1967) entwickelt und von der *Dyckerhoff & Widmann AG (Dywidag)* errichtet. Die *Dywidag* war damals eine der innovativsten deutschen Baufirmen und hatte bereits im 19. Jahrhundert wesentliche Grundlagen für die Anwendung des neuen Baustoffs Beton gelegt.

Entscheidend für den Standort der Großmarkthalle südöstlich der Innenstadt – zwischen Bayerischem Bahnhof und Altem Messegelände – war die optimale Anbindung an das damalige Eisenbahn- und Straßennetz, diente sie doch nicht nur der Versorgung der stetig wachsenden Messestadt, sondern auch weiter Teile Mitteldeutschlands mit Obst und Gemüse. Die gelungene Symbiose zwischen Funktion und Form brachte dem Bauwerk im Volksmund rasch den liebevollen Spitznamen *Kohlrabizirkus* ein, der bis heute in der Leipziger Region präsent und lebendig ist.

▲ *Bauarbeiter der Dyckerhoff & Widmann AG bereiten Anfang September 1928 das Betonieren der fertig eingeschalten Südkuppel vor.*

◄ *Im Spätsommer 1929 sind die markanten Kuppeln nahezu fertiggestellt und prägen seither das Leipziger Stadtbild.*

Schon während ihrer Entstehung erregte die Anlage großes Aufsehen. *„Ein Wunder in Eisenbeton"*[2] und *„Der interessanteste Bau der Jetztzeit"*[3] titelten die beiden bürgerlichen Leipziger Zeitungen bereits im April 1928, als noch nicht einmal ein Lehrgerüst errichtet worden war. Die überschäumende Begeisterung war keineswegs nur dem Lokalpatriotismus geschuldet. Schnell breitete sie sich über die Grenzen der sächsischen Metropole hinaus aus und fand selbst noch im fernen Brasilien ihren Widerhall.[4] Beson-

ders plastisch verlieh 1929 der französische Architekt Romain Delahalle der weltweiten Bewunderung Ausdruck: Für ihn war die Großmarkthalle schlicht *„die großartigste Stahlbetonkonstruktion, die ich je sehen durfte".*[5]

Und wie sehen Besucher den *Kohlrabizirkus* heute? Kaum jemand kann sich dem beeindruckenden Raumerlebnis und der Faszination der konstruktiven Elemente im Innern – trotz mancher Umbauten – entziehen. Über zwei quadratischen Grundrissen von 75 x 75 m wölben sich durch Grate und Rippen versteifte Stahlbetonkuppeln von rund 33 m Höhe. Die Achteckkuppeln werden von jeweils vier sich verschneidenden Tonnenschalen mit einer freien Spannweite von 65,80 m am unteren Schalenrand gebildet. Durch das Verschneiden der Schalen ergeben sich acht Grate, die zur Lastabtragung mit acht schräg gestellten Eckstützen verbunden sind. Der untere Schalenrand (Kämpfer) wird von einem umlaufenden Zugring gebildet, der zusätzlich von acht ebenfalls geneigten Tragbögen unterstützt wird. Dadurch vergrößert sich die Spannweite bis zum Hallenboden von 65,80 m auf rund 75 m und in Richtung der Grate von 71,20 m auf etwa 82 m.

▲ *Wie ein riesiges Bühnenbild präsentieren sich die Laterne, die Kuppelschale, der Zugring und die Tragbögen noch heute bei einem Blick in die Südhalle.*

Die umlaufenden Fensterbänder und die Oberlichter in den Zwickeldecken sorgen zusätzlich zu den Laternen für viel Tageslicht. ▶

Die Zeichnung aus dem Jahr 1929 zeigt im Längsschnitt und Grundriss die Haupttragelemente und die wichtigsten Abmessungen – weitere Erläuterungen sind auf Seite 90 zu finden. ▶

Unter jeder Kuppel erstreckt sich ein Raum mit 5.600 m²
Grundfläche, an dessen vier Umfassungsseiten lediglich jeweils zwei Eckstützen stehen. Als Differenz zwischen den beiden quadratischen Grundrissen und den oktogonalen Kuppeln ergeben sich Restflächen, die mit
ebenen Stahlbetondecken überbrückt
sind. In den Ecken sind diese als Zwickeldecken ausgebildet. Die in die Kup-
pelscheitel eingebundenen achteckigen Laternen mit jeweils 28 m Durchmesser und die 3 m hohen, den gesamten Komplex umlaufenden Fensterbänder dienen der Belichtung der
Halle. Ergänzt werden sie von Ober-
lichtern in den Zwickeldecken und über

einem 5,28 m breiten Zwischenbau. Die Laternen sorgen
außerdem für eine ausreichende Belüftung.

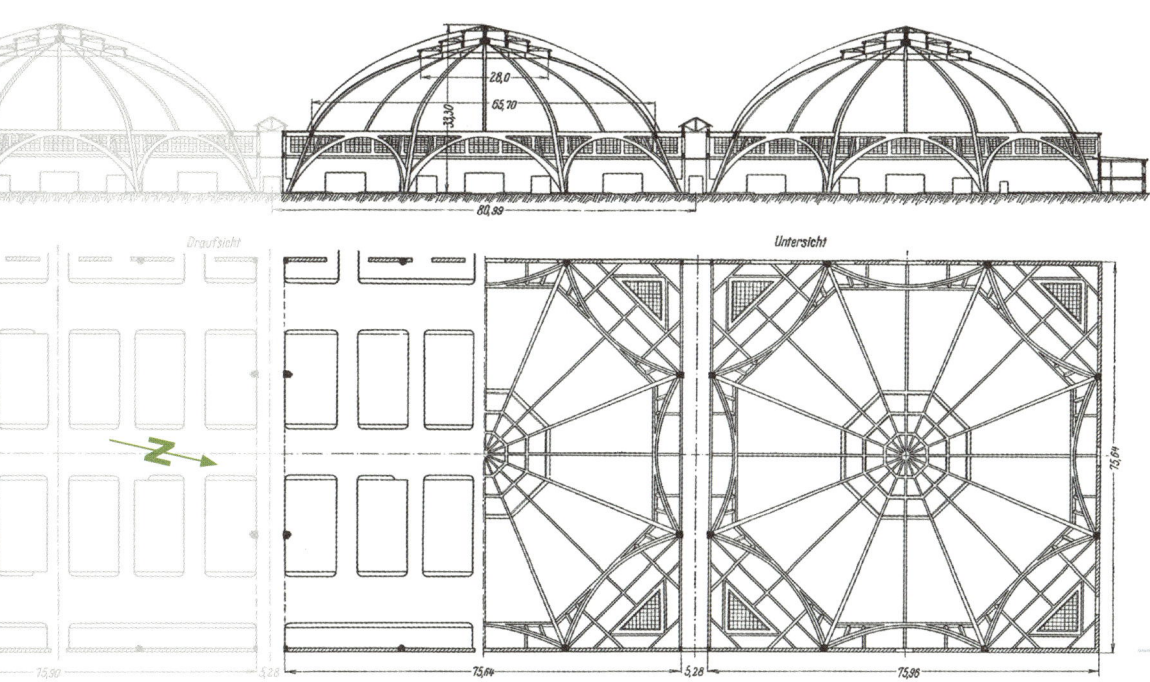

Zweigeschossige Anbauten umschließen die Ost- und Nordseite des Bauwerks. Insbesondere der auf der Ostseite vorgelagerte Bürotrakt betont mit seiner horizontal gegliederten Klinkerfassade nach außen hin die Einheit von Süd- und Nordkuppel. An der Westseite stand ursprünglich eine bereits 1923 errichtete provisorische Markthalle mit einer Laderampe für das Anschlussgleis. Anstelle dieser im Krieg zerstörten Westhalle wurde 1973 ein Leichtkühlhaus errichtet. Kühlhaus und Laderampe werden seit der Einstellung des Marktbetriebs nicht mehr genutzt.

Aber mit etwas Phantasie lebt das rege Markttreiben vergangener Tage wieder auf. Der imposante, nahezu stützenlose Innenraum mit rund 12.000 m² Fläche war in Stand-, Verkaufs- und Präsentationsflächen sowie in Fahrstraßen gegliedert, die einen reibungslosen An- und Abtransport der Waren ermöglichten. Die vollständige Unterkellerung ergänzte mit zwei weiteren Fahrstraßen und einer aufwändig konzipierten Kühlanlage[6] die hervorragende Logistik. Geplant war, bei Bedarf an der Südseite einen weiteren Trakt mit einer dritten Kuppel und nebenan ein Hochhaus mit Gaststätten und Unterkünften für auswärtige Händler zu errichten. Doch auch ohne diese Erweiterungen erfüllte die Großmarkthalle alle Ansprüche an ihre Funktionalität

Zwei Kuppeln – ein Bauwerk: Die Klinkerfassade an der Ostseite betont diese Einheit wirkungsvoll.

Die Laderampe der Westhalle diente nach Fertigstellung der Kuppelhalle weiterhin der Anbindung an das Gleisnetz.

Ursprünglich waren drei hintereinander liegende Kuppeln vorgesehen. ▷

Der Grundriss von 1930 zeigt die als Erweiterungsfläche angebundene provisorische Markthalle mit der Laderampe im Westen, den nördlich und östlich vorgelagerten Bürotrakt sowie die Lage der Marktstände und Fahrstraßen. ▷

Querschnitt nach der Fertigstellung 1930. ▷

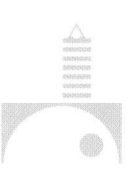

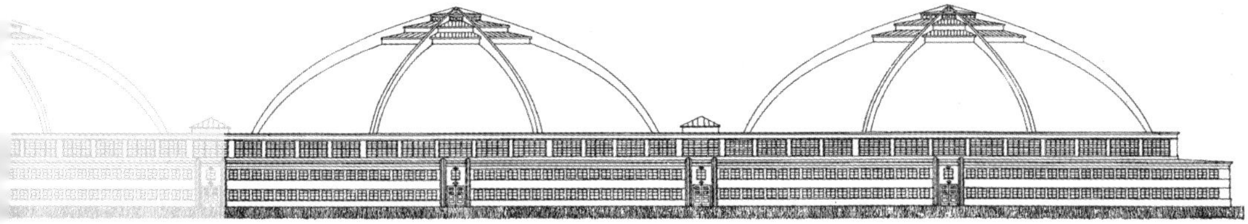

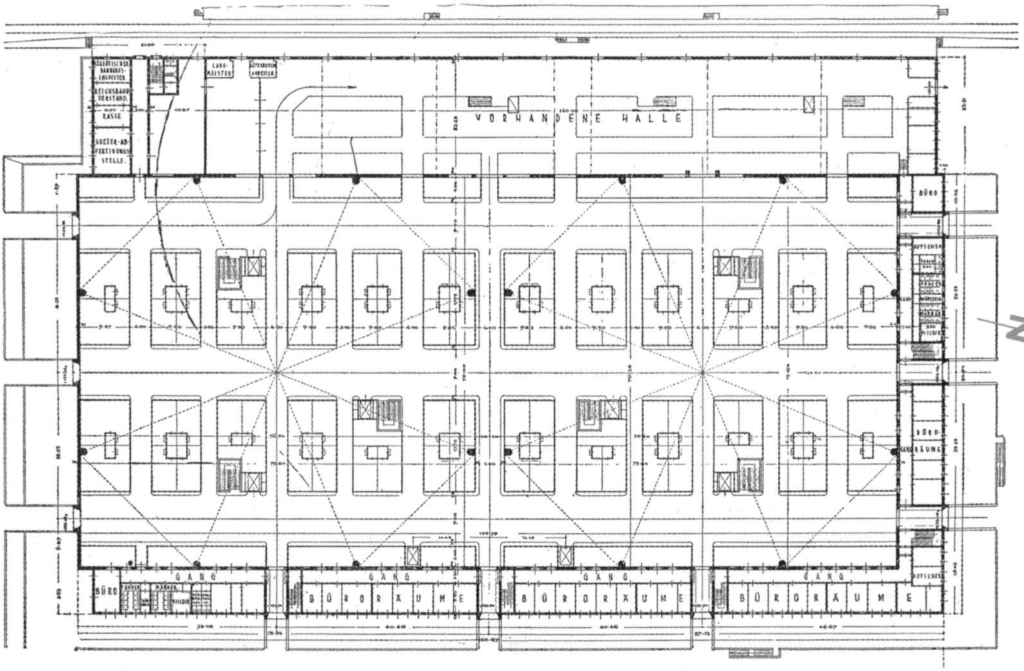

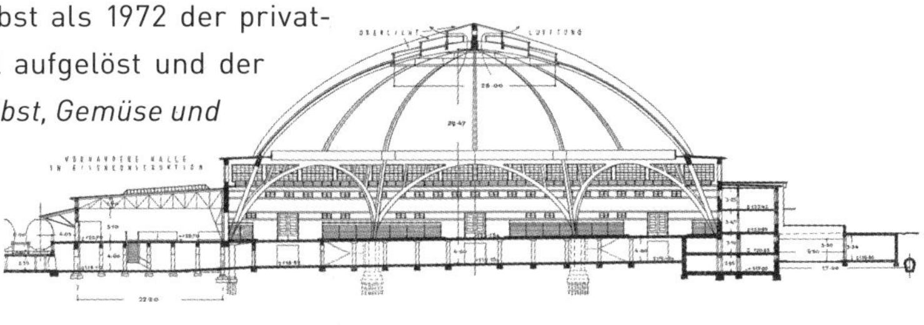

und Wirtschaftlichkeit – selbst als 1972 der privat-
wirtschaftliche Einzelhandel aufgelöst und der
volkseigene *Großhandel für Obst, Gemüse und
Speisekartoffeln* zum alleini-
gen Nutzer wurde. Bereits
1990 erfolgte die Repriva-
tisierung vieler Firmen, so-
dass diese ihre Stände wieder in Anspruch nehmen konnten.
Erst die einschneidenden Veränderungen der Transport-
wege Anfang der 1990er Jahre brachten das Aus. Mit der
Eröffnung des neuen *Großmarkts Leipzig GmbH* im Güterver-
kehrszentrum Leipzig-Radefeld an der Bundesautobahn A14
verlor die innerstädtische Markthalle ihre ursprüngliche
Bedeutung und wurde am 30.10.1995 geschlossen.

Für die Nutzung des riesigen Raums gab und gibt es seitdem zahlreiche Initiativen, die zur Teilung in zwei Hallen führten. Die Südhalle wurde von 1999 bis 2010 im Winter als *Eisdom* zum Eislaufen für Jung und Alt genutzt. Mit 2.200 m² barg sie – nach Angaben des Betreibers – Deutschlands größte eingehauste Eisfläche. Die Nordhalle ist nach umfangreichen Investitionen seit dem Jahr 2004 unter dem jetzt offiziellen Namen *Kohlrabizirkus* ein Veranstaltungsort der besonderen Art mit einer breiten Palette an Angeboten. Auch in Zukunft werden hier regelmäßig Musical- und Konzertaufführungen, Messen und Ausstellungen, Firmenveranstaltungen und Nachtflohmärkte stattfinden. Weit über Sachsen hinaus bekannt ist der *Kohlrabizirkus* auch als zweitgrößte Spielstätte des jährlichen Wave-Gothic-Treffens.

Einschneidende Veränderungen im Innern des Gebäudes sind der Tribut an die unterschiedlichen Nutzungen. Die ehemals lichtdurchflutete Nordhalle ist jetzt verdunkelt und farblich neu gestaltet. Im Jahr 2003 wurde zwischen Südhalle und Zwischenbau eine raumhohe Trockenbauwand eingefügt und auf diese Weise zwei optisch, akus-

▲ *Vor der Eröffnung der neuen Markthalle nutzten die Händler bereits den Vorplatz für ihre Geschäfte.*

Anfang der 1930er Jahre konnte der Blick von Süden nach Norden durch die gesamte Markthalle schweifen. ▶

Großzügig und dekorativ wurden die Waren dann in der neuen Markthalle präsentiert. ▶

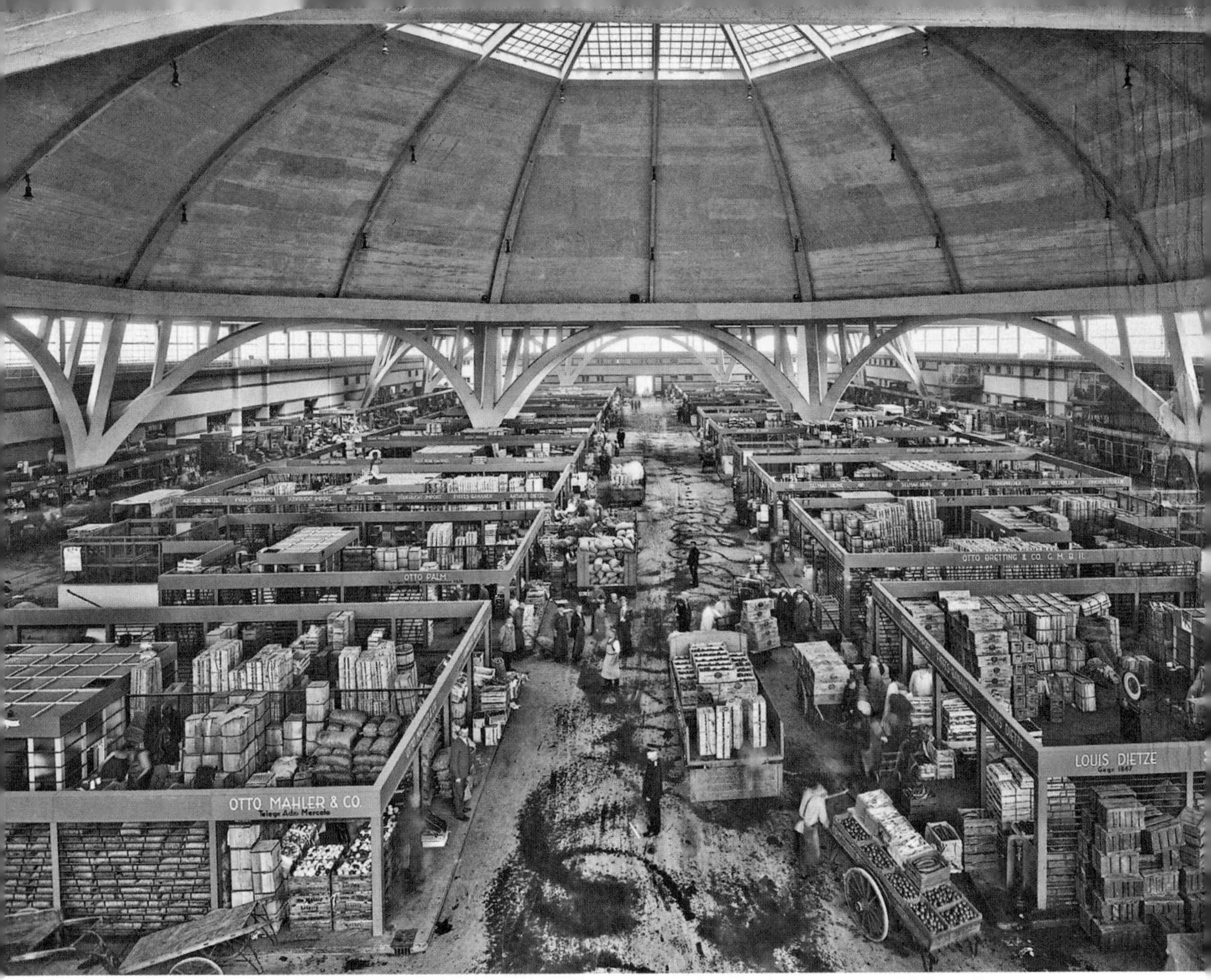
OTTO MAHLER & CO.
OTTO PALM
LOUIS DIETZE
Gegr. 1847

FYFFES BAN
KONSERVEN MAX OERTEL SÜDFRÜCHTE
CARL HÖRICH
27. Jan. 1930

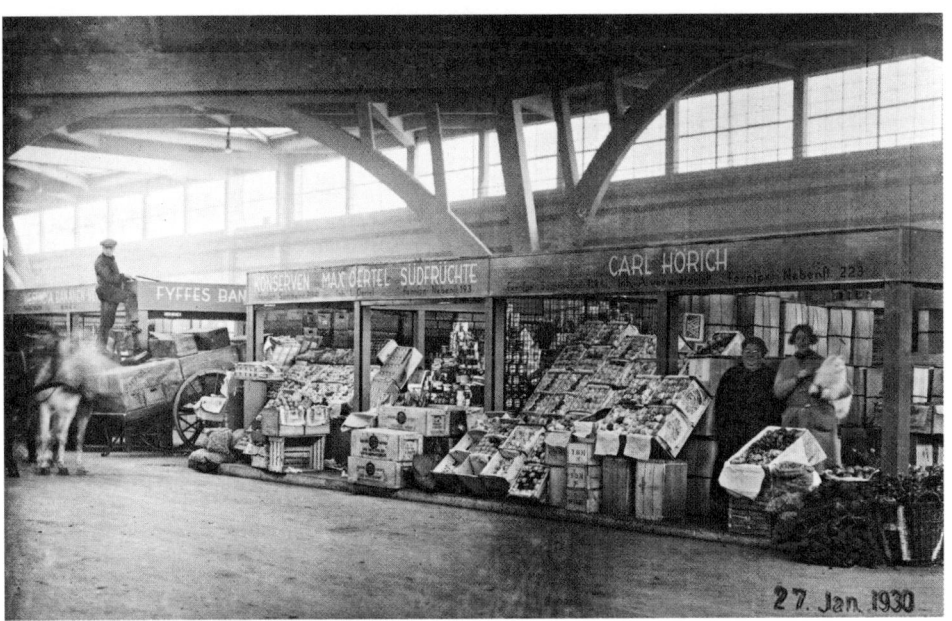

tisch, bauphysikalisch und brandschutztechnisch getrennte
Bereiche geschaffen. Damit hat der ehemals durchgehende
Innenraum viel von seiner beeindruckenden Großzügigkeit
verloren.

Ungeachtet dieser Veränderungen prägen die beiden markanten und weithin sichtbaren Schalenkuppeln der Großmarkthalle Leipzig, die inzwischen mit Aluminium gedeckt sind, neben dem Völkerschlachtdenkmal das Bild im Süden der Messestadt. Sie künden bis heute von der Bedeutung des Bauwerks als herausragendes Beispiel für vorausschauende Stadtentwicklung und Planung kommunaler Infrastruktur. Rund um den Globus fanden die kühn konstruierten Kuppeln einst viel Bewunderung und die Anerkennung hält bis in unsere Tage an. Als einzigartiger Meilenstein großartiger Ingenieurbaukunst trägt der seinerzeit interessanteste Kuppelbau der Welt seit dem 17. Oktober 2013 mit Fug und Recht den Titel *Historisches Wahrzeichen der Ingenieurbaukunst in Deutschland.*

◀ *In kräftigen Farben und mit verdunkelter Laterne wirkt der Kohlrabizirkus heute tatsächlich wie eine Manege.*

Heutiger Blick in den Zwischenbau mit der Trockenbauwand zur Südhalle – die Nordhalle kann zusätzlich mit einem Vorhang abgetrennt
▼ *werden .*

Jürgen Stritzke

Das Bauwerk

Konstruktion

Mitte der 1920er Jahre waren **Schalenkuppeln** aus Stahlbeton schon mehrfach zur Überdachung kreisförmiger Grundrisse gebaut worden. Mit derartigen Rotationsschalen, die an den unteren Schalenrändern (Kämpfern) stetig bzw. rotationssymmetrisch gestützt sind, können beachtliche Spannweiten erzielt werden.

Durch das Zusammenfügen, d. h. Verschneiden, von mehreren Tonnenschalen lassen sich Vieleckkuppeln erzielen, die die auf sie einwirkenden Lasten nach den unterstützten Eckpunkten des Vielecks abtragen. Achteckkuppeln sind neben den Viereckkuppeln besonders für die Überdachung quadratischer Grundrisse geeignet. In jedem Eckpunkt des Achtecks sind Stützen angeordnet und somit stehen an jeder Seite des Quadrats lediglich zwei davon. Für die Nutzung und Erschließung der Großmarkthalle war die Anwendung

dieses Prinzips von außerordentlich großer Bedeutung, da der rund 75 x 155 m große Raum nur von vier Stützen unterbrochen ist.

Die nachfolgende Beschreibung der Konstruktion folgt weitgehend der ausführlichen Darstellung von Dischinger und Rüsch.[7] Jede Kuppel besteht aus vier verschnittenen Tonnenschalen. Die Abtragung der Lasten erfolgt zum einen direkt über die acht Eckstützen und zum anderen über die jeweils von Eckstütze zu Eckstütze spannenden acht Tragbögen, die den unteren Kuppelrand zusätzlich unterstützen. Die durch das Verschneiden der Tonnenschalen entstehenden Grate sind nach innen und außen abgesetzt.

Darüber hinaus sind jeweils in der Mitte der vier Tonnenschalen zusätzlich Rippen angeordnet, die am unteren Schalenrand an den Scheitelpunkten der Tragbögen enden. Diese Rippen waren zunächst nicht vorgesehen, machten sich aber nach entsprechenden Versuchen an einem Modell aus Stahlblech im Maßstab 1:60 zur Erzielung einer ausreichenden Beulsicherheit der Schalen notwendig.

◀ *Blick auf die Südkuppel - deutlich heben sich die Grate ab.*

Qualitativer Verlauf der Meridiankräfte $N\varphi$ und der Ringkräfte $N\vartheta$ des Membranspannungszustands – Darstellung ohne Biegespannungs-
▼ *zustand.*

Bei der gewählten Vieleckkuppel treten wie bei einer Rotationsschale horizontal gerichtete Ringkräfte $N\vartheta$ und schräg nach unten gerichtete Meridiankräfte $N\varphi$ auf. Im oberen Bereich der Laterne sind die Ringkräfte Druckkräfte, die einen Druckring erfordern. Am unteren Kuppelrand sind es Zugkräfte, die durch einen Zugring in der Form einer Schalenrandverstärkung aufgenommen werden.

Mit zunehmendem Abstand der Eckstützen wachsen die Ringkräfte $N\vartheta$ gegenüber einer einbeschriebenen Rotationsschale an. Umgekehrt ist bei unendlich kleinen Stützenabständen der Spannungszustand der Vieleckkuppel identisch mit dem der einbeschriebenen, stetig gestützten Rotationsschale. Infolge der diskontinuier-

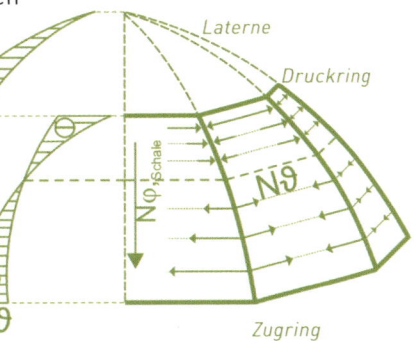

$N\varphi,_{Schale}$ $N\varphi,_{Grat}$ $N\vartheta$

lichen Stützung der Vieleckkuppel wird im Gegensatz zu der einbeschriebenen, stetig gestützten Rotationsschale der Membranspannungszustand zusätzlich von einem nicht zu vernachlässigenden Biegespannungszustand überlagert. Während bei vorwiegend auf Biegung beanspruchten Tragsystemen, wie Balken und Rahmen, deren Eigenlast mit der Spannweite rasch anwächst, nimmt dagegen bei Kuppelbauten die Eigenlast durch die Kombination von Schalen- und Trägerwirkung nur in sehr geringem Maß zu.

Die Kuppelgeometrie entspricht im Aufriss einem Ellipsenabschnitt. Die große Halbachse a beträgt 36,60 m, die kleine Halbachse b = 29,28 m. Dischinger weist darauf hin, dass der Krümmungsradius im Scheitel der Gewölbe 46 m beträgt, *„und in Richtung der Grate gemessen sogar 54 m. Damit besitzen die Leipziger Kuppeln bei weitem den flachsten Krümmungsradius aller bisher sowohl in Eisen wie auch in Eisenbeton ausgeführten Kuppeln".*[8] Noch deutlicher wird die beeindruckende Flachheit der Kuppeln, wenn das Verhältnis der Breite der Ellipse zu ihrer Höhe von 2,5:1 bzw. die Breite des Ellipsenabschnitts zu dessen Höhe von 4,1:1 betrachtet wird.[9]

Bereits 1928 hatte Dischinger nachgewiesen, dass die Berechnung elliptischer Tonnengewölbe unter bestimmten Voraussetzungen auf die Berechnung kreisförmiger Tonnengewölbe zurückgeführt werden kann und sich damit die Ermittlung der Schnittgrößen einfacher gestaltet.[10] Nach dem von ihm entwickelten sogenannten Massenausgleich ist es möglich, die Schnittgrößen – z. B. der Kuppel mit dieser Querschnittsform – vereinfacht an einer einbeschriebenen Rotationsschale zu ermitteln. Sein Gedankenmodell basiert auf der Entstehung der Ellipse aus einer affinen Abbildung eines Halbkreises. Das führt zu unterschiedlichen Schalendicken der Ellipse und die Schnittgrößen der ver-

zerrten Schale sind identisch mit denen der einbeschriebenen Rotationsschale. Die Schalendicke ist deshalb zum Kämpfer hin von 9 cm auf 10,7 cm ansteigend ausgebildet.

Den allgemeinen Fall der Vieleckkuppel mit beliebiger Meridiankurve und mit beliebiger Anzahl von Ecken hat Dischinger in seiner Dissertation *Die Theorie der Vieleckkuppeln und die Zusammenhänge mit den einbeschriebenen Rotationsschalen*[11] dargelegt. Heute bezeichnet man das vorliegende Tragwerk als Faltwerk und würde es auch als ein solches mittels eines FEM-Programms berechnen.

Die in Meridianrichtung wirkenden Druckkräfte $N\varphi$ haben durch die Auflast der Laterne am Kuppeldruckring bereits einen der Laternenmasse entsprechenden Wert angenommen und erreichen ihr Maximum am unteren Kuppelrand. Die Grate, die die Tonnenschalen aussteifen, bleiben nicht nur bei symmetrischer Belastung durch Eigenlast und Schnee, sondern auch unter asymmetrischer Belastung durch Wind vollständig frei von Biegebeanspruchungen. Alle Lasten werden durch Zug- und Druckkräfte in den Schalen und Graten zu den Auflagern hin abgetragen. Die Bewehrung der Schalen besteht aus vier Lagen – zwei Lagen Ø 10 mm bzw. Ø 8 mm und zwei Querlagen Ø 6 mm als Verteilereisen – und ist entsprechend den auftretenden Beanspruchungen angeordnet.

◀ *Kuppelgeometrie nach Dischinger.*

Bewehrung der Kuppelschale
▼ *zwischen zwei Graten.*

Am Anschluss der Laterne entstehen durch deren Auflast in den Schalen Zuggewölbe, deren Kräfte von einer entsprechenden Bewehrung am Laternenrand abgetragen werden. Da die Kuppel am Kämpfer keine vertikale Endtangente besitzt, entsteht ein

Horizontalschub, der von den acht geneigten Eckstützen und den acht ebenfalls in einer schrägen Ebene liegenden Tragbögen zu den acht Eckpunkten übertragen wird.

Um die Beanspruchungen der Kuppel und ihrer Unterbauten infolge Temperaturänderungen weitestgehend klein zu halten, müssen für die Kuppel Bewegungen in radialer Richtung möglich sein. Hierzu sind die Verbindungen der acht Eckstützen, die die Fortsetzung der Kuppelgrate bilden, in radialer Richtung gelenkig ausgebildet.

Die **Eckstützen** mit einem Querschnitt von b = 90 cm und h = 70 cm erhielten unterhalb des Kuppelzugrings Stahlbetongelenke mit einer Einschnürung der Querschnittshöhe von 70 cm auf 30 cm. Als Längskraft sind 2,5 MN zu übertragen. Die Längsbewehrung im Bereich der Einschnürung besteht aus 18 geraden und 6 gekreuzten Stäben Ø 24 mm. Heute würde man die Bewehrungsstäbe innerhalb des Stahlbetongelenks nicht mehr kreuzen. Die zentrische Betonspannung im Gelenkhals beträgt damit $\sigma_b = 5{,}78$ N/mm². Die Verbügelung der Längsstäbe besteht aus Ø 10 mm im Abstand von 50 mm. Zudem sind die angrenzenden Querschnittsbereiche reichlich bewehrt, um ein Abplatzen des Betons neben der Gelenkfuge auszuschließen. Die Gelenkfuge selbst ist mit 30 mm dicken Tektonplatten, die seinerzeit bei Bewegungsfugen zur Anwendung kamen, ausgefüllt.

Die **Tragbögen** haben neben den Lasten aus der Kuppel zudem noch die Auflagerkräfte der raumabschließenden, ebenen Dachdecke aufzunehmen, die in den Bereichen der dreieckigen Zwickeldecken besonders groß sind. Von erheb-

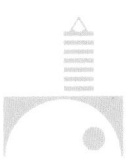

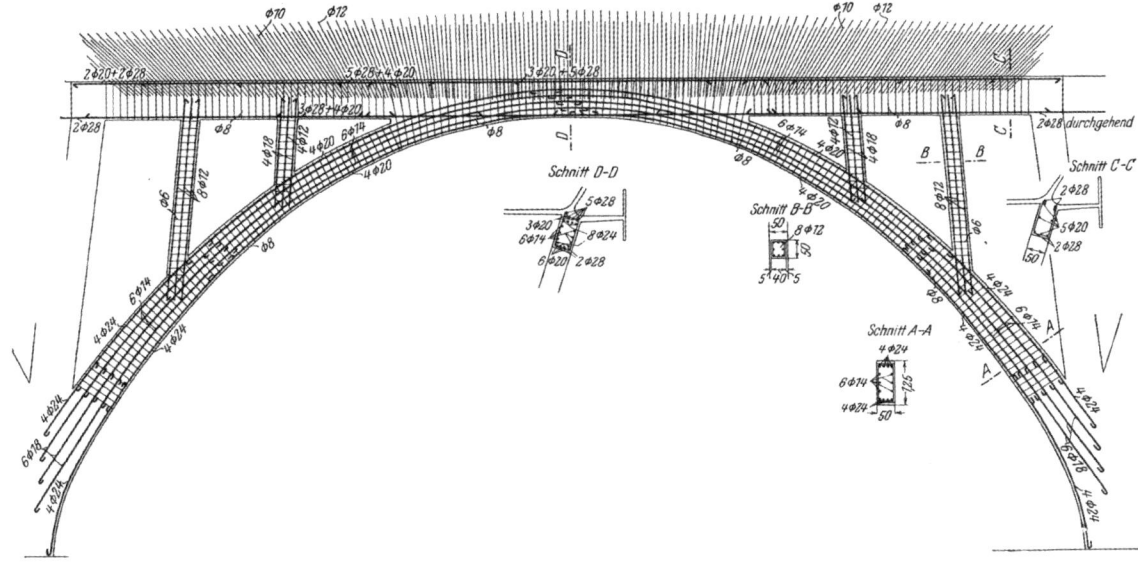

lichem Einfluss sind die unterstützenden Hauptträger der Zwickeldecken mit Auflagerkräften von 400 kN. Im Hinblick auf eine einheitliche Geometrie aller Bögen konnte deren Systemachse nicht nach der Stützlinie geformt werden und damit sind diese Tragwerke nicht frei von Biegebeanspruchungen. Der Bogenquerschnitt beträgt am Kämpfer 120 x 50 cm und nimmt bis zum Scheitel auf 80 x 50 cm ab.

Der Zugring am unteren Kuppelrand hat mit einem Querschnitt von 105 x 50 cm nahezu die gleiche Steifigkeit wie der Bogen, d. h. es handelt sich statisch gesehen um ein versteiftes Bogentragwerk. Die Biegemomente sind näherungsweise am unversteiften Bogen nach der Elastizitätstheorie berechnet und auf den Zugring und den Bogen entsprechend deren Steifigkeit verteilt worden.

Die Stützlinie verbleibt stets innerhalb des Querschnittskerns. Am Bogenkämpfer beträgt die maximale Randspannung 6,0 N/mm² bei 3,6 N/mm² zentrischem Druck. Die eingelegte Bewehrung hat die Größe von 0,8 % des Betonquerschnitts. Die zwischen den Eckstützen angeordneten Tragbögen sind rechtwinklig zur Bogenebene so schlank ausgebildet, dass sie die Verformungen des unteren Kuppelrands nicht behindern.

▲ *Bewehrung eines Tragbogens mit den Anschlusseisen des Zugrings und Bogens zur Kuppel.*

◀ *Bewehrung der Grate und Eckstützen – in Höhe der Unterkante der Zwickeldecke ist das Stahlbetongelenk zu erkennen.*

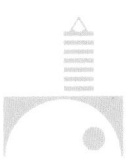

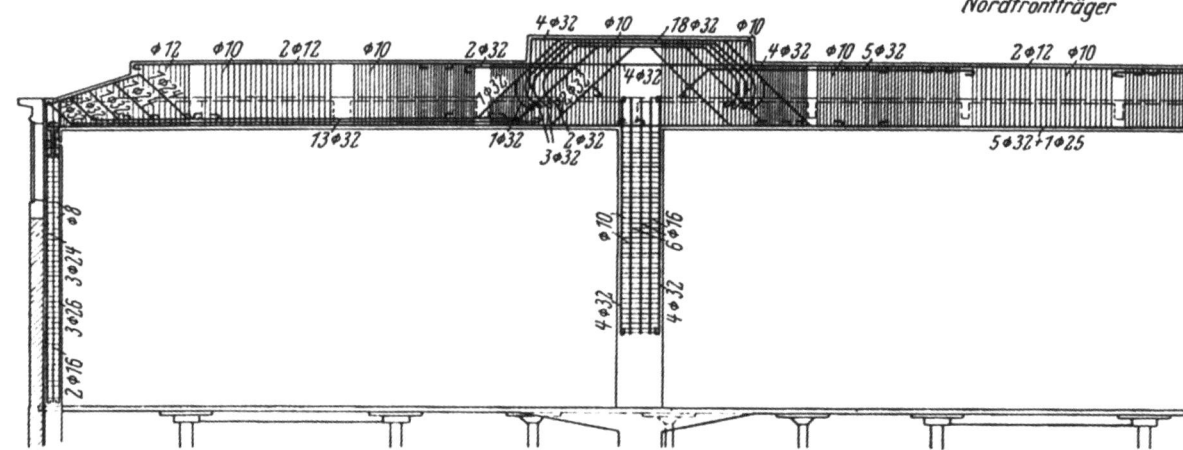

Die **Abfangträger** unterstützen auf beiden Seiten des Zwischenbaus die raumabschließenden, ebenen Dachdecken, die auch auf den Umfassungswänden und an ihren Innenseiten auf den Tragbögen auflagern. Diese spannen von einer Längswand zur anderen über drei Felder mit den Stützweiten 22 m + 32 m + 22 m. Die Zwischenstützen stehen lotrecht hinter den im Halleninnern angeordneten schrägen Eck-

stützen, so dass der Raum zwischen den beiden Kuppeln nur von den jeweils zwei Eckstützen der Kuppeln unterbrochen wird. Die Form der beidseitigen Trägerenden resultierte aus gestalterischen Forderungen und die Ausbildung über den beiden Mittelstützen erfolgte im Hinblick auf die Installation von Kühlschlangen für Kältemaschinen. Bei einer Querschnittsbreite von 40 cm beträgt die Konstruktionshöhe 3,50 m über den Stützen und 2,50 m über den Feldern.

Die **Zwickeldecken** mit Stützweiten von bis zu 4,70 m geben ihre Lasten im Wesentlichen an die bis 31 m langen Nebenunterzüge ab, die wiederum von den in Richtung der Diagonalen liegenden Hauptunterzügen mit Stützweiten

⏶ Bewehrung der über drei Felder durchlaufenden Abfangträger der Zwickeldecken.

⏶ Blick in den Zwischenbau – die schlanken Stützen der Abfangträger stehen unmittelbar hinter den mittleren Eckstützen.

Untersicht einer Zwickeldecke mit Haupt- und Nebenunterzügen. ⏵

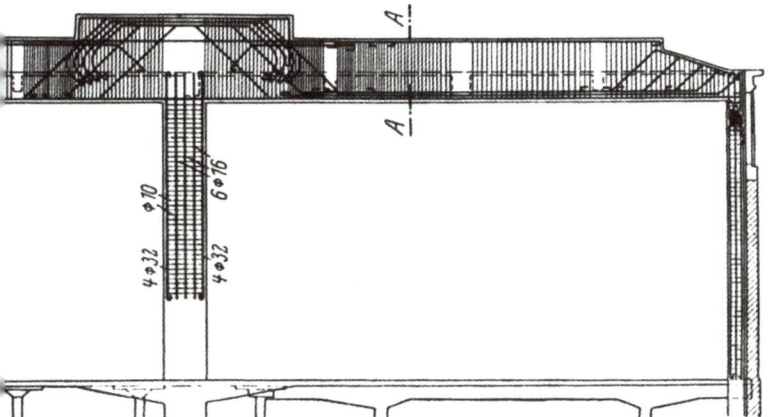

Schnitt A-A

von 12,90 m elastisch gestützt werden. Im Hinblick auf die relativ großen Stützweiten galt es, die Deckeneigenlast zu minimieren. Durch den Einsatz eines hochwertigen Zements konnten Konstruktionshöhen von lediglich 100 cm bei den Hauptunterzügen und von 70 cm bei den Nebenunterzügen erreicht werden. Die Plattendicke von 11 cm in den Zwickeln wurde an den Schmalseiten wegen der geringen Einspannung auf 13 cm vergrößert.

Aus dem Richtungsunterschied der Endtangente am unteren Kuppelrand von $\alpha = 31,4°$ gegen die Lotrechte und der Neigung der Tragbögen von $\beta = 17,0°$ resultieren zusätzliche Horizontalkräfte im Kuppelzugring. Die erheblichen Lasten aus den Zwickeldecken führen wiederum zu horizontalen Druckkräften im Kuppelring. Mit der Wahl der Neigung der Eckstützen und Tragbögen war es möglich, den gesamten Horizontalschub auf einen Zugring in den Zwickeldecken und einen Zugring in der Kellerdecke so aufzuteilen, dass der größere Anteil des Schubes in die wesentlich dickere Kellerdecke abgeleitet wird. Die Umlenkung der Meridiankräfte N_φ und der Gratkräfte ruft im oberen Zugring eine Zugkraft von 800 kN hervor.

Hinzu kommt noch eine Zugkraft aus der Trägerwirkung der Kuppel von Grat zu Grat. Deren Maximum liegt in der Schalensektormitte, d.h. zwischen zwei Graten, und

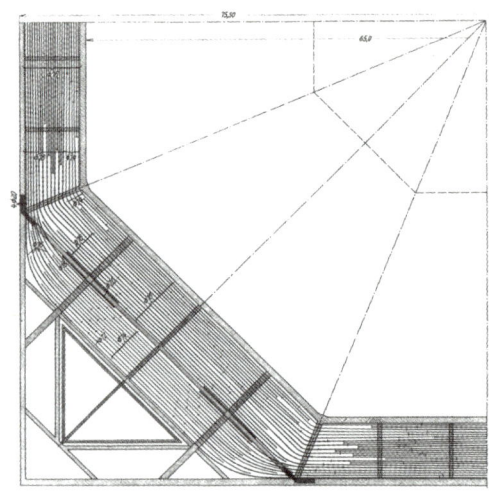

beträgt unter symmetrischen Lasten 760 kN. Die Zwickeldecke wirkt hinsichtlich der Aufnahme der Zugringkräfte als ein auf Biegung mit Längskraft beanspruchter, geschlossener Rahmen mit veränderlicher Steifigkeit. In Anbetracht der Größe der Deckenflächen, die sich an der Aufnahme der bis zu 1,65 MN großen Schnittkräfte beteiligen, ergaben sich lediglich maximale Zugspannungen von $\sigma_b = 1{,}17\ N/mm^2$.

Die Bewehrung der Zwickeldecke ist den Hauptspannungsrichtungen angepasst und in jedem Querschnitt so auf die Platte und die Unterzüge verteilt, dass sie an keiner Stelle mit mehr als 120 N/mm² beansprucht wird. Zusammen mit der Biegebewehrung ergab sich eine in beiden Richtungen sorgfältig bewehrte Deckenfläche. Die Abtragung der Windkräfte erfolgt durch die in tangentialer Richtung biegesteif ausgebildeten Eckstützen. Zudem tragen auch die Tragbögen Windkräfte in ihrer Bogenebene ab.

Die **Kellerdecke** wurde im Hinblick auf die Erzielung einer großen lichten Kellergeschosshöhe als Pilzdecke ausgeführt. Zu deren Beanspruchung aus Eigen- und Verkehrslasten kommen noch Horizontalkräfte aus dem Bogenschub der Tragbögen hinzu, die gleichfalls radial gerichteten Zug hervorrufen. An den acht Fußpunkten der über der Kellerdecke vereinigten Eckstützen und Tragbögen wirken jeweils eine Vertikalkomponente von 5 MN und eine Horizontalkraft von 2,15 MN. Die acht radial angreifenden Horizontalkräfte sind in der Keller-

decke von einem Zugring aufzunehmen, damit die Fundamente im Hinblick auf den unsicheren Baugrund nur lotrechte Lasten erhalten. Aus diesem Grund mussten auch die acht Grundplatten der Eckstützen auf Pfählen ge-

gründet werden. Die Stützen der Kellerdecke sind flach gegründet. Im Bereich der drei Fahrstraßen, die den Keller durchziehen, musste der Stützenregelabstand von 4,50 m bis 5,00 m auf 7,50 m bzw. 10,50 m vergrößert und die Deckenplatte durch Unterzüge verstärkt werden.

Die Kellerdecke erhielt eine kreuzweise Bewehrung. In den Randbereichen be-

steht diese aus Ø 20 mm und deren Verlauf ist den Spannungstrajektorien angepasst. In dem durch die Durchstoßpunkte der Eckstützen einbeschriebenen Achteck der Decke wirkt in deren Mitte eine Zugkraft von 85 kN/m, die einer Betonzugspannung von etwa 0,4 N/mm² entspricht. Zu den Eckpunkten hin steigen die Zugkräfte an und die Spannungen erreichen einen Wert von 1,3 N/mm². Das erforderte eine Vergrößerung der Plattendicke in den Bereichen der Eckstützen durch die Ausbildung von Vouten. In Abhängigkeit von der Größe und dem Verlauf dieser Zugkräfte wurde die Kellerdecke bewehrt.

Da in der Decke Rissbildungen durch ungleichmäßiges Setzen der Kellerstützenfundamente zu befürchten waren, wurden auf Vorschlag des externen Gutachters und Beraters, Prof. Dr.-Ing. Willy Gehler von der TH Dresden, in der Kellerdecke 4 Ø 50 mm Siliziumstahl mit einer höheren Elastizitätsgrenze als zusätzlicher Zugring angeordnet.

◢ *Durch Unterzüge verstärkte Kellerdecke im Bereich einer Fahrstraße.*

◢ *Detail der Bewehrung des Zugrings in einer Zwickeldecke.*

◢ *Als Pilzdecke ausgeführte Kellerdecke.*

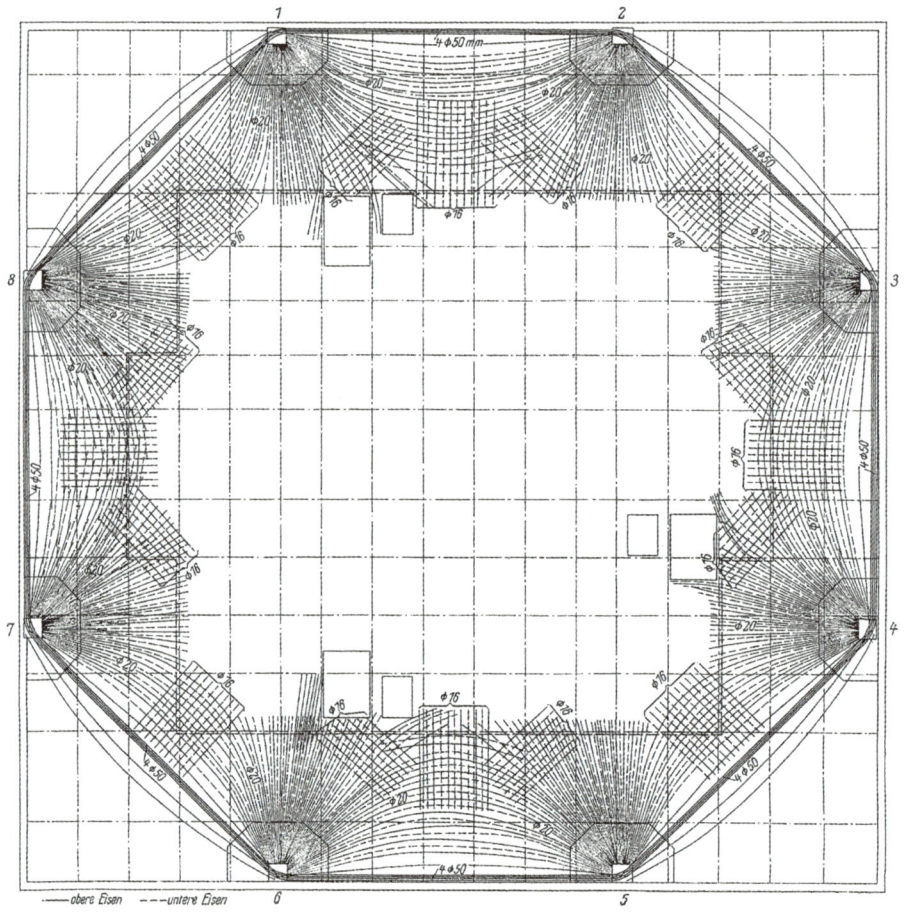

Im Achteck um die Eck-
stützen herum verlegt, wären sie in der Lage gewe-
sen, nach entsprechender
Rissbildung den gesamten
Horizontalschub aufzuneh-
men. Die befürchteten Rissbildungen blieben allerdings
nach dem Ausrüsten der erhärteten Decke aus, so dass der
Horizontalschub allein vom Betonquerschnitt aufgenommen wird und der zusätzliche Zugring nahezu keine Horizontalkräfte erhält.

Die **Laternen**, die 28 m weit gespannt sind, wurden als Rippenkuppeln ausgebildet. Sie bestehen aus 16 Stahlbetonrippen, die vom oberen Kuppelrand bis zum Laternenscheitel spannen, wo sie sich gegeneinander abstützen. Aus gestalterischen Gründen wurden bis zu 4 m hohe Rippenquerschnitte gewählt. Zusammen mit drei Ringträgern bilden sie einen Trägerrost. Der mittlere und obere Ringträger sind 1,75 m bzw. 2,25 m hoch, 10 cm breit, mit Nocken für die Auflagerung des Glasdachs versehen und verhindern gleichzeitig das Biegedrillknicken der schlanken Meridianrippen. Der Durchmesser des Oberlichts beträgt in Richtung der Rippen gemessen 30,40 m. Die Größe der Laterne, die Schlankheit der Rippen und der Ringträger führen zu einer ausgezeichneten, gleichmäßigen und natürlichen Belichtung der Halle. Um auch bei Schneebedeckung des Glasdaches einen ausreichenden Lichteinfall zu gewährleisten, wurde der untere Ringträger als 2 m hoher Vierendeelträger mit Glasfenstern ausgebildet.

Da nur zwei Kuppeln errichtet wurden, musste an der Südseite der Halle an Stelle des Abfangträgers eine Außenwand mit einem Fensterband angeordnet werden.

▲ *Untersicht der Laterne der Nordkuppel.*

◀ *Im Hintergrund Eckstütze im Kellergeschoss mit Ausbildung einer Deckenvoute.*

◀ *Kreuzweise Bewehrung der Kellerdecken mit zusätzlichem Zugring aus 4 Ø 50 mm.*

Bauausführung

In Anbetracht der Dimension des Kuppeltragwerks kam das Torkretieren eines selbsttragenden stählernen Zeiss-Netzwerkes (s. S. 39) nicht in Frage. Zum einen ist es im Gegensatz zu Kuppeln über einem kreisförmigen Grundriss viel schwieriger, Kuppeln über eckigen Grundrissen mit einem solchen Netzwerk einzurüsten. Zum anderen schließt die Masse an Stahl bei den großen Kuppelabmessungen einen wirtschaftlichen Einsatz aus. Zudem ist die Anwendung eines Zeiss-Netzwerks lediglich zur Formgebung auf einem traditionellen Lehrgerüst nicht sinnvoll, da auch hier die Bewehrung in keiner Weise dem Kräfteverlauf optimal angepasst werden kann.

Zum Betonieren der Kuppel wurde ein rund 30 m hohes hölzernes Kuppelgerüst, das aus einem Unter- und Obergerüst bestand, auf der bereits betonierten Kellerdecke aufgestellt. Das Untergerüst war in Ständerbauweise ausgebildet. Das darauf aufgebaute Obergerüst, ein Strebengerüst, war zwecks eines leichteren Ausrüstens durch Absenken mit 160 Spindeln ausgestattet. Unmittelbar über den Jochen des Untergerüsts standen die radialen Streben. Die Ständer bestanden aus Rundholzpfosten Ø 36 cm bzw. Ø 34 cm während das Obergerüst aus Schnittholz gezimmert wurde. Mit Zangen und Auskreuzungen waren die einzelnen Lehrgerüstjoche paarweise zu radial angeordneten Tragwänden zusammengefasst. Die Grate und Rippen wurden jeweils durch eine doppelte Tragwand unterstützt. Von Tragwand zu Tragwand spannten bewehrte Pfetten, auf denen

Blick auf die fertig eingerüstete Südkuppel. ▶

Laternengerüst, teilweise bereits zurückgebaut. ▶

Hölzernes Kuppelgerüst, bestehend aus Unter- und ▼ *Obergerüst.*

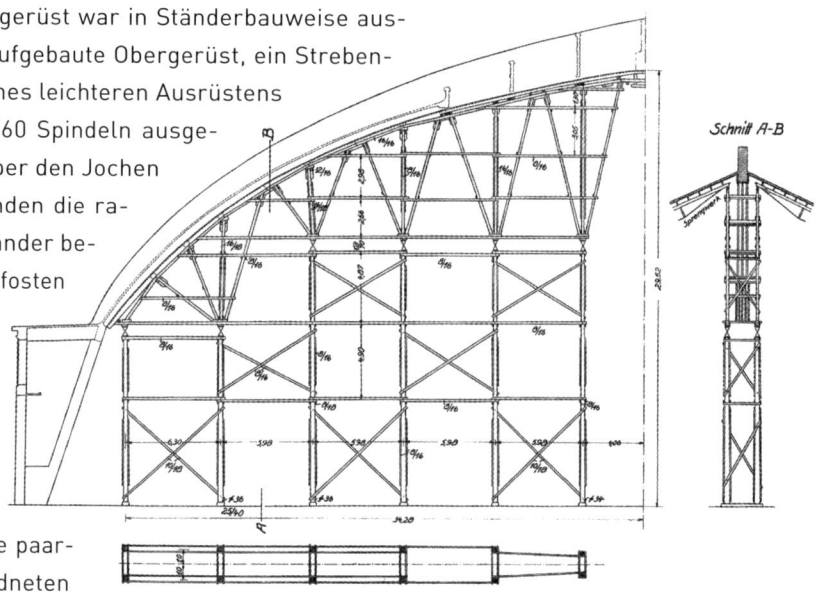

Schnitt A-B

28

zur Unterstützung der Schalung die Kranzhölzer verlegt waren. Für die Herstellung der Laternen wurde ein gesondertes Gerüst errichtet. Das Lehrgerüst eines Tragbogens bestand ebenfalls aus einem Untergerüst und einem mittels Spindeln absenkbaren Obergerüst.

Die Kellerdecke wurde zur einen Hälfte durch die Firma *Dyckerhoff & Widmann AG* und zur anderen Hälfte durch die Leipziger *Bauunternehmung Rudolf Wolle* betoniert. Über einen zentral angeordneten Aufzug konnte der Beton für die Schalengewölbe, Grate und Rippen nach oben befördert und über Rinnen vom Scheitel aus zu den Einbaustellen verteilt werden. Bis zu einer Neigung von ca. 50° erfolgte das Betonieren mittels einer Konterschalung, die für einen rationellen Bauablauf und zur Kostenminimierung als Wanderschalung ausgebildet war.

Das Ausrüsten der ersten Kuppel verlief in rund drei Stunden ohne Schwierigkeiten. Eine Scheitelsenkung von 3,6 mm stellte sich sofort ein. Hinzu kamen innerhalb der nächsten 24 Stunden noch 1,2 mm, die man zum größten Teil auf Setzungen der Fundamente zurückführte. Die gemessenen Werte waren geringer als die zuvor berechneten, allerdings waren die acht Tragbögen schon früher ausgerüstet worden. Das übliche Rückfedern des hölzernen Lehrgerüsts konnte auch hier beobachtet werden.

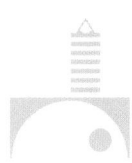

Als Dachhaut kamen Eternitschieferplatten zur Ausführung. Zur Vermeidung von Schwitzwasserbildung und zur Erzielung möglichst niedriger Heizkosten wurden sowohl die Kuppeln als auch die Zwickeldecken mit 50 mm dicken Korkplatten bzw. Korksteinplatten gedämmt. Diese wurden auf den Schalen in Mörtel verlegt und mit Latten und einbetonierten Schraubenbolzen gegen Abrutschen gesichert. Auch die nach außen hin abgesetzten Grate waren auf diese Weise isoliert worden, um so eine unterschiedliche Erwärmung bzw. Abkühlung der Kuppelschalen und Grate auszuschließen, deren Folge Biegebeanspruchungen in den Kuppeln gewesen wären.

Die hohen Kosten für Rüstung und Schalung sowie der fehlende Bedarf an ähnlich großen Kuppelkonstruktionen führten später lediglich zu Einzelanwendungen dieser Schalenbauweise.

Hölzernes Lehrgerüst eines Tragbogens.

Bombentreffer im Mittelteil der Ostfassade der Nordkuppel.

Instandsetzungen

Kriegsbedingte Bombeneinschläge in der Ostfassade der Nordhalle und andere Einwirkungen hatten über Jahrzehnte hinweg ihre Spuren hinterlassen. So machten sich um 1946 provisorische Reparaturen an der Nordkuppel, in den Jahren

1952 bis 1954 Reparaturen an der Dachhaut der Südkuppel und von 1970 bis 1974 weitere Instandsetzungsmaßnahmen erforderlich.

Bei einer 1984 durchgeführten Bauzustandsermittlung wurden erhebliche Korrosionsschäden im Bereich der Laternen infolge der Beschädigung der Dacheindeckungen festgestellt.[12] Am stärksten von Bewehrungskorrosion angegriffen war der untere Ringträger. Darüber hinaus wiesen auch die Fensterträger im Bereich der Zwickeldecken, die Stützen und die Unterzüge erhebliche Beschädigungen auf. An den Graten konnten keine Schäden ermittelt werden und auch die Tragbögen waren ohne sichtbare Korrosion. Die gemessenen Karbonatisierungstiefen von 1,5 bis 9,0 cm führten zu dem Schluss, dass das unter Denkmalschutz stehende Bauwerk nur bei sofortiger Instandsetzung erhalten werden kann.

An der **Südkuppel** begann man noch 1984 mit den wichtigsten Instandsetzungsarbeiten, die sich bis 1991 erstreckten. So wurden die Schalen und Grate von innen mit Kunststoffmörtel und Spritzbeton behandelt. Diese Arbeiten waren am aufwendigsten, denn eigens hierfür musste unter Sperrung eines Großteils der Markthalle ein Gerüst aufgestellt werden, das eine Grundrissfläche von 900 m² in Anspruch nahm. Die Kellerdecke und die Zwickeldecken mussten torkretiert werden. Auf den Flachdachbereichen wurde ein Aufbeton aufgebracht. Weiterhin erfolgte die Erneuerung der umlaufenden Wandverglasung mit doppeltem Drahtglas. Nach Auftragen von Spritzbeton und der Erneuerung des Dachaufbaus erhielt die Kuppel eine neue Dachhaut aus Aluminium-Falzblechen. Brandlast-Ermittlungsversuche und ein Innenanstrich der Kuppel schlossen sich an.

Bereits vor diesen Instandsetzungen waren vier zur Großmarkthalle gehörende Brückenbauwerke im Zuge der Markteingänge erneuert worden. Bei allen diesen Arbeiten galt es stets, die denkmalpflegerischen Anforderungen zu erfüllen.

Ab dem Frühjahr 1991 wurden die Spritzbeton- und Dachklempnerarbeiten zu Ende geführt.[13] Der auf der Hälfte der Flachdachfläche aufgebrachte Aufbeton erwies sich

zusammen mit dem gewählten Dachaufbau für die filigrane Deckenkonstruktion als viel zu schwer und musste daher zurückgebaut werden. Als neuer Dachaufbau wurden eine Ausgleichsschüttung, darauf eine Gefälledämmung aus Polystyrolschaumplatten und eine Schwarzdachabdichtung gewählt. An Stelle des alten stählernen Satteldachs über dem Zwischenbau kam eine isolierverglaste Aluminiumkonstruktion mit Stahlkern zum Einsatz. Die Profile sind dem Originalzustand weitestgehend angepasst worden. Die ursprüngliche Stahlunterhangdecke wurde mit dem Einsatz von Drahtglas überflüssig. Im Oktober 1992 waren die Arbeiten abgeschlossen und die Südhalle konnte wieder für Händler und Aussteller geöffnet werden.

An der **Nordkuppel** konnte nunmehr mit den Instandsetzungsarbeiten begonnen werden, zumal der darunterliegende Hallenteil am 1.12.1992 gesperrt werden musste. Nach dem Abtragen der alten Dachhaut stellten sich erhebliche Schäden infolge von Undichtigkeiten und einer fehlenden Hinterlüftung der Dachhaut heraus. Der Dachaufbau bestand aus einem bituminösen Anstrich der Betonoberfläche, einer auf einer Holzunterkonstruktion verlegten Glasfasermatte als Dämmung und einer Abdeckung mit Pappschindeln auf der Schale bzw. mit den alten hellen Schindeln auf den Graten.

Im Kuppelfußbereich trat nach dem Hochdruckwasserstrahlen ein sehr grobkörniges Betongefüge zu Tage, da seinerzeit der eingebrachte Frischbeton lediglich durch Stochern verdichtet worden war. Hier musste sogar unter nicht abgeplatzten Flächen eine erhebliche Bewehrungskorrosion festgestellt werden. Die Ursache lag in der zu geringen Betondeckung, die sich auf Grund des hohen Frischbetondrucks und unzureichender Abstandhalter eingestellt hatte. Bis zu einer Höhe von 6 m war es erforderlich, die Bewehrung im Kuppelfußbereich mit Hochdruckwasserstrahlverfahren freizulegen. Zur Verstärkung der hochbelasteten

Grate wurde eine Zusatzbewehrung in den Spritzbeton eingebettet und zum Schutz mit einer 4,0 cm dicken Betondeckung versehen.

Die Laterne wies ebenfalls Risse in den Graten und Ringträgern auf. Die Bewehrung wurde freigelegt, sandgestrahlt und mit Spritzbeton überdeckt. Zur Herstellung der Dampfdichtigkeit wurden die Grate und Ringträger anschließend mit einem weißen Acrylharzanstrich versehen. Zur Instandsetzung der Laterne musste im Scheitel der elliptisch geformten Kuppel ein entsprechend abgetrepptes Gerüst aufgestellt werden. Das 32,5 m hohe Gerüst mit Aufzug und Leitergang hatte eine Grundfläche von 30,0 x 30,0 m. Um die Kellerdecke nicht zu belasten, war der Aufzug bis in das Kellergeschoss durchgestelzt. Von Silos aus, die vor der Großmarkthalle aufgestellt waren und der Lagerung der trockenen Baustoffe dienten, wurde das Mischgut im sogenannten Trockenspritzverfahren mittels Druckluft in einem über 100 m langen Schlauch bis zur Laterne an jede Einbaustelle gebracht und dort unter Wasserzusatz verspritzt.

Erheblich geschädigt waren auch die Zwickeldecken, so dass angebrachte Fangnetze den Schutz vor herabfallenden Betonteilen zur Aufrechterhaltung des Marktbetriebes bis zur Freigabe der Südhalle gewährleisten mussten. Nach dem Entfernen des in den 1980er Jahren aufgebrachten Aufbetons zeigten sich durchgehende Risse, die verpresst wurden. Die notwendige Verstärkung der Unterzüge realisierte man durch eine Zulagebewehrung und den Einsatz von Spritzbeton.

Die Eindeckung der Nordkuppel erfolgte unter Berücksichtigung der bereits fertiggestellten Dachhaut der Südkuppel und eines einheitlichen Erscheinungsbildes mit 60 cm

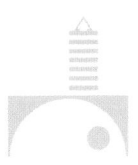

breiten Aluminium-Paneelen. Horizontale Stufen, wie sie bei einer Falzeindeckung nötig sind, entfallen hier. Die Paneele sind auf einer stählernen, aufgeständerten und höhenverstellbaren Unterkonstruktion aufgeschraubt, die wiederum mit 60 mm tief in der Stahlbetonschale eingelassenen Edelstahlankern befestigt ist. Der untere Dachaufbau besteht aus einer selbstklebenden Dampfsperre und einer 12 cm dicken Kerndämmplatte mit einer dampfdiffusionsoffenen PE-Folie. Die bisher fehlende Hinterlüftung der Dachhaut wird durch entsprechende Luftaustritte gewährleistet. Der Aufbau der Dacheindeckung der Zwickeldecken erfolgte nach Abschluss der Kuppeleindeckung analog zu der der Südkuppel.

Die Beschädigung der Nordhalle im Zweiten Weltkrieg war Anlass für eine nähere Untersuchung der Kellerdecke. Vermutlich flog eine Bombe auf der Ostseite durch die Wandverglasung und durchschlug in den Achsen 19 bis 21 im Bereich der Stützen des Zwischenbaus die Kellerdecke. Der Ersatz der zerstörten Pilzdecke durch eine Plattenbalkendecke ist heute noch sichtbar. Im Hinblick auf die Funktion der Kellerdecke als Zugring musste ihre Tragfähigkeit in diesem Bereich experimentell erprobt werden.[14] Die im März 1993 durchgeführten Probebelastungen, Schallemissionsanalysen und radiographische Untersuchungen erbrachten das Ergebnis, dass der Zugring vollständig erhalten und die vorgegebene Verkehrslast von 11,7 kN/m² auf der Fahrstraße sowie 10,0 kN/m² auf den Deckenfeldern einschließlich des Betriebes von Gabelstaplern mit einer Gesamtmasse bis 3,5 t unter Einhaltung der geforderten Sicherheit zulässig ist. Im Rahmen dieser Untersuchungen fanden auch Baustoffbeprobungen statt, die bei der Originaldecke Betonfestigkeitsklassen nach DIN 1045-alt von B10 (C8/10 nach DIN 1045-neu) bis B25 (C30/37) erbrachten sowie bei der Plattenbalkendecke einen B35 (C30/37). Die gemessenen Zugfestigkeiten des Betonstahls schwankten zwischen 282 bis 382 N/mm².

Roland May

Franz Dischinger und der frühe Schalenbau

I n den beiden riesigen Kuppeln der Leipziger Großmarkthalle kulminierte der noch junge Betonschalenbau und demonstrierte eindrucksvoll seine Leistungsfähigkeit. Diesen Höhepunkt im Bauschaffen der Weimarer Zeit verdankt die Geschichte der Ingenieurbaukunst einer besonderen Konstellation der an Entwurf und Ausführung beteiligten Protagonisten, denn ein brillanter Bauingenieur, ein experimentierfreudiger Stadtbaurat sowie eine wagemutige Baufirma hatten entscheidenden Anteil an der Umsetzung dieses visionären Bauwerks.

Unbestrittener *spiritus rector* der Kuppeln der Großmarkthalle war mit Franz Dischinger einer der herausragenden Bauingenieure des 20. Jahrhunderts. Als damaliger Leiter eines Konstruktionsbüros der *Dywidag* in Biebrich bei Wiesbaden suchte er ständig nach neuartigen Lösungen, mit denen *„die Massivbauweisen in ihrem Existenzkampf gegen die Eisen- und Holzbauweise"*[16] einen Vorteil erringen könnten. Ein besonders vielversprechender Lösungsansatz war der Betonschalenbau. Im Folgenden soll Dischingers frühe Tätigkeit auf diesem Feld nachgezeichnet werden. Sie war unabdingbare Grundlage dafür, dass in Leipzig der seinerzeit spektakulärste Beitrag *„einer neuen, auf der Raumstatik gegründeten Entwicklung der Massivbauweise"*[17] entstehen konnte.

Franz Dischinger (1887–1953), Bauingenieur[15]

In Heidelberg geboren, wuchs der Sohn eines badischen Baubeamten in Karlsruhe heran und studierte von 1907 bis 1911 an der dortigen Technischen Hochschule.

1913 trat er in die Dienste der *Dyckerhoff & Widmann AG*, wo er, unterbrochen von dreieinhalb Jahren Kriegsdienst, rasch aufstieg. Als Pionier des Betonschalenbaus erlangte er ab der Mitte der 1920er Jahre weltweite Bekanntheit. Mehr als 60 Bauten mit Schalentragwerken entstanden unter seiner Verantwortung, parallel erstellte er theoretische Arbeiten von grundlegender ingenieurwissenschaftlicher Bedeutung.

1933 wechselte Dischinger als Professor für Stahlbetonbau an die Technische Hochschule Berlin. Ins Zentrum seiner Tätigkeit rückte nun der Brückenbau. Mit der Bahnhofsbrücke in Aue (1935–1937) sowie richtungsweisenden Abhandlungen zum Kriechen und Schwinden des Betons leistete er zentrale Beiträge zur Genese des Spannbetons.

Auch in der Nachkriegszeit ließ Dischingers Innovationskraft nicht nach. So war er unter anderem entscheidender Ideengeber für die Entwicklung der modernen Schrägseilbrücken.

Seine angeschlagene Gesundheit führte 1951 zur vorzeitigen Emeritierung. Nach langer Leidenszeit verstarb der vielfach geehrte Bauingenieur am 9. Januar 1953 in Berlin.

◄ *Franz Dischinger, um 1926.*

Frühe Kuppelbauten der Dyckerhoff & Widmann AG

Schon bevor Dischinger seine Tätigkeit bei der *Dywidag* aufnahm, hatte sich die Firma durch weitgespannte Konstruktionen eine führende Position im noch jungen Stahlbetonbau erobert. Unbestrittenes Glanzstück dieser Phase war die maßgeblich von Willy Gehler (1876–1953) und seinem Assistenten Eugen Schulz (1884–1960) mitverantwortete Rippenkuppel der 1911 bis 1913 errichteten *Breslauer Jahrhunderthalle*. Sie sollte Dischinger bei der Entwicklung der Leipziger Schalenkuppeln als Ansporn und zentrales Vergleichsobjekt dienen.

▲ *Jahrhunderthalle Breslau, 1911–1913.*

Innenkuppel St. Blasien, 1910–1911, Schnitt. Im Schnitt ist ablesbar, dass lediglich der mittlere Teil als Schalenkuppel ausgeführt
▼ *wurde.*

Große Bedeutung für Dischingers Arbeit hatte auch der parallel zur *Jahrhunderthalle* ausgeführte Neubau der Innenkuppel der ehemaligen *Abteikirche St. Blasien* im Südschwarzwald, deren Mittelteil von Heinrich Spangenberg (1879–1936) als Schalenkonstruktion entworfen worden war.

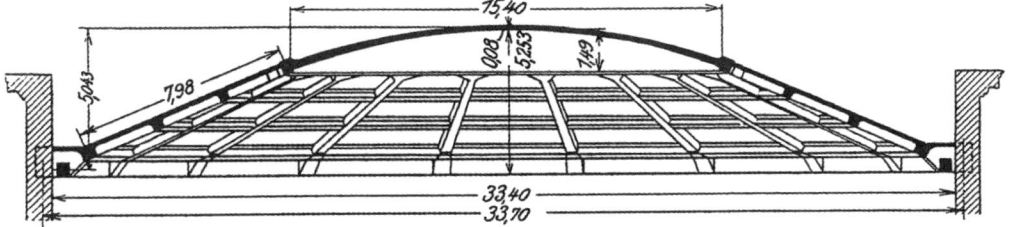

Spangenberg griff dabei auf eine im Stahlbetonbau jener Jahre durchaus schon verbreitete Konzeption zurück.[18] Ihr lag die zu Beginn des 19. Jahrhunderts entwickelte Membrantheorie zugrunde, der zufolge die aus Eigenlast entstehenden Kräfte in räumlich gekrümmten Flächentragwerken bei richtiger Formgebung biegungsfrei zu den Auflagern übertragen werden.

Durch den Wegfall der sonst üblichen Biegespannungen konnten solche Schalen theoretisch außerordentlich dünn und somit besonders wirtschaftlich ausgeführt werden. In der Praxis zeigte sich allerdings, dass ungenaue Bauausführung oder asymmetrische Sonderlasten gefährliche Biegemomente in diesen Konstruktionen verursachen konnten. Zwar wurden rasch Theorien entwickelt, die diese Effekte berücksichtigten, für die praktische Anwendung waren sie aber durchweg zu kompliziert. Bei weitgespannten Konstruktionen wie der *Jahrhunderthalle* griffen die Bauingenieure daher auf die aus dem Stahlbau entlehnte Rippenkonstruktion zurück, bei der Biegespannungen wesentlich leichter zu berechnen und zu beherrschen waren.

Ungeachtet der kaum kalkulierbaren Risiken führte die *Dywidag* wagemutig weitere Betonschalen aus. So wurden etwa die rund 13 m weiten Seitenschiffe einer 1917 bis 1919 in Berlin-Schöneberg errichteten KFZ-Reparaturhalle der Firma *Opel* mit Tonnenschalen von lediglich 11 cm Stärke überspannt. Noch bemerkenswerter war eine 1921/22 über dem Vorführraum des Union-Lichtspieltheaters in Saarbrücken errichtete asymmetrische Kuppel mit 26,15 x 23,50 m Spannweite und einem außerordentlich flachen Stich von 3,10 m. Mit 20 bis 24 cm Stärke spiegelte die unter Leitung Georg Rüths (1880–1945) entwickelte Kuppelkonstruktion allerdings noch deutlich wider, dass es seinerzeit immer *„noch keine Möglichkeit einer einigermaßen exakten Berechnung"* gab.[19] Dieser unbefriedigende Zustand sollte sich jedoch schon wenig später grundlegend ändern.

Zeiss-Versuchsplanetarium in Jena, 1923. Unter der dünnen Betonhaut zeichnet sich deutlich das Zeiss-Netzwerk ab. ▶

Kuppel des Saarbrücker Union-Lichtspieltheaters, 1921. Die fertige innere Schalung mit teilweise eingebrachten Bewehrungseisen kurz vor Beginn
▽ *des Betonierens.*

Entwicklung der Schalenkuppeln
„System Zeiss-Dywidag"

Der entscheidende Impuls für den Durchbruch des Betonschalenbaus ging von dem in Diensten des Jenaer Un-
ternehmens *Carl Zeiss* stehenden Maschinenbauingenieur
Walther Bauersfeld (1879–1959) aus. Er hatte im Auftrag des
Deutschen Museums nicht nur eine neuartige Maschine zur
Projektion des sich wandelnden Sternenhimmels entwickelt,
sondern parallel hierzu auch noch ein räumliches Stab-
netzwerk entworfen, das als Träger einer nahezu idealen
hemisphärischen Projektionsfläche dienen sollte. Im Rahmen der Planung eines wetterfesten Versuchsbaus schlug
der Nürnberger Dywidag-Oberingenieur August Mergler
(1889–mind. 1964) vor, dieses
Netzwerk mit einem Draht-
geflecht zu ergänzen und
dann ringweise in Beton ein-
zuhüllen. Hierbei sollte das
sogenannte Torkret-Verfah-
ren eingesetzt werden, bei
dem der Beton mit hohem
Druck gegen eine innen angebrachte Wanderschalung
gespritzt wurde. Noch im
Winter 1922/23 wurde ge-
mäß dieser Idee auf dem

Dach des Gebäudes 11 im Zeiss-Hauptwerk ein 16 m weit
gespanntes Versuchsplanetarium errichtet.

Der gerade erst zum Oberingenieur beförderte Dischinger[20] erkannte rasch das Potenzial des wenig ansehnlichen
Bauwerks: Einerseits ermöglichte das neue Torkretverfah-
ren in Verbindung mit schnell erhärtendem Zement eine
wirtschaftliche Herstellung der Betonhaut, andererseits
bot das Zeiss-Netzwerk die für dünne Schalenbauten nötige Gewähr einer mathematisch genauen Form. Schon ein

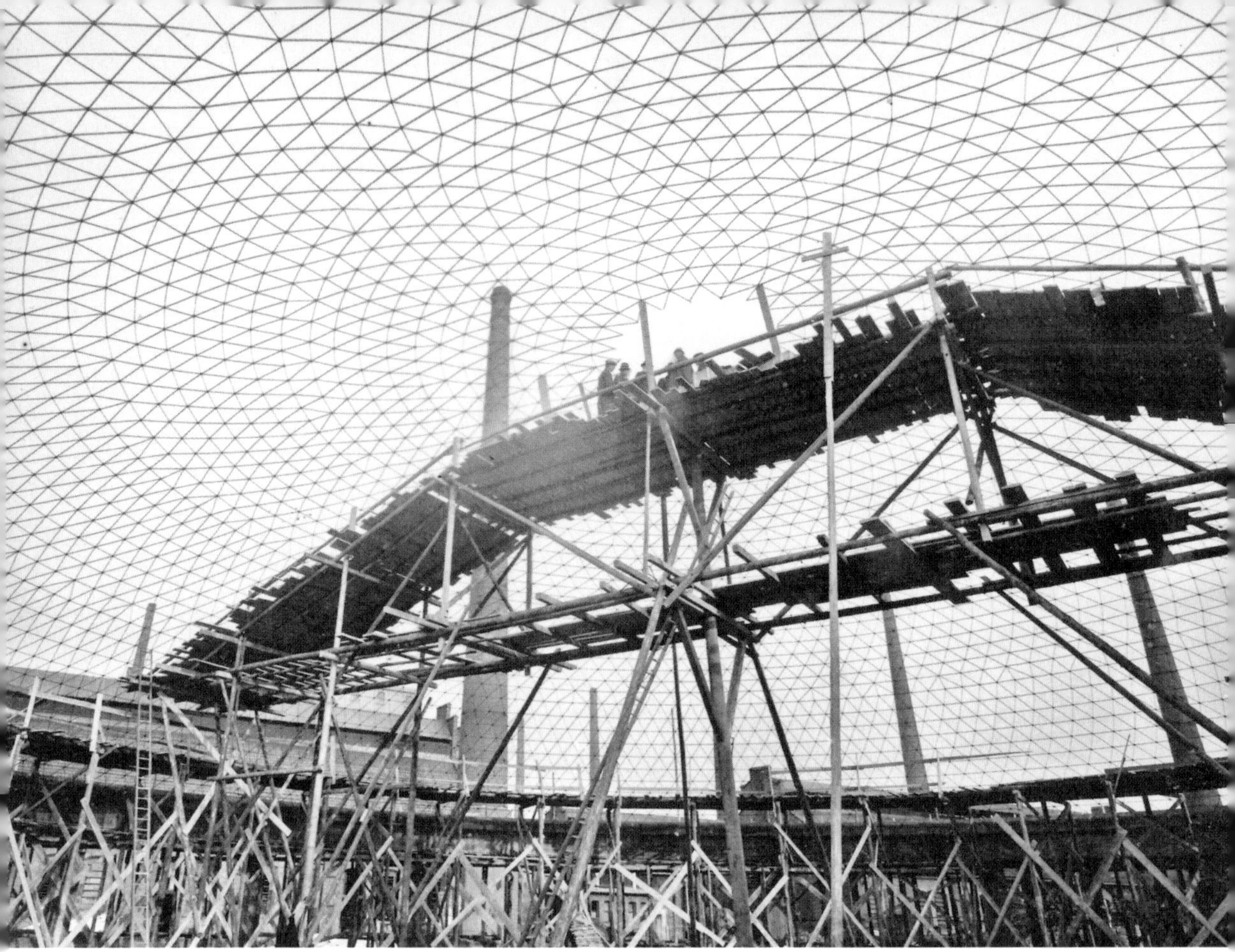

Ausführung:
Dyckerhoff & Widmann A.G.
Baubüro Jena

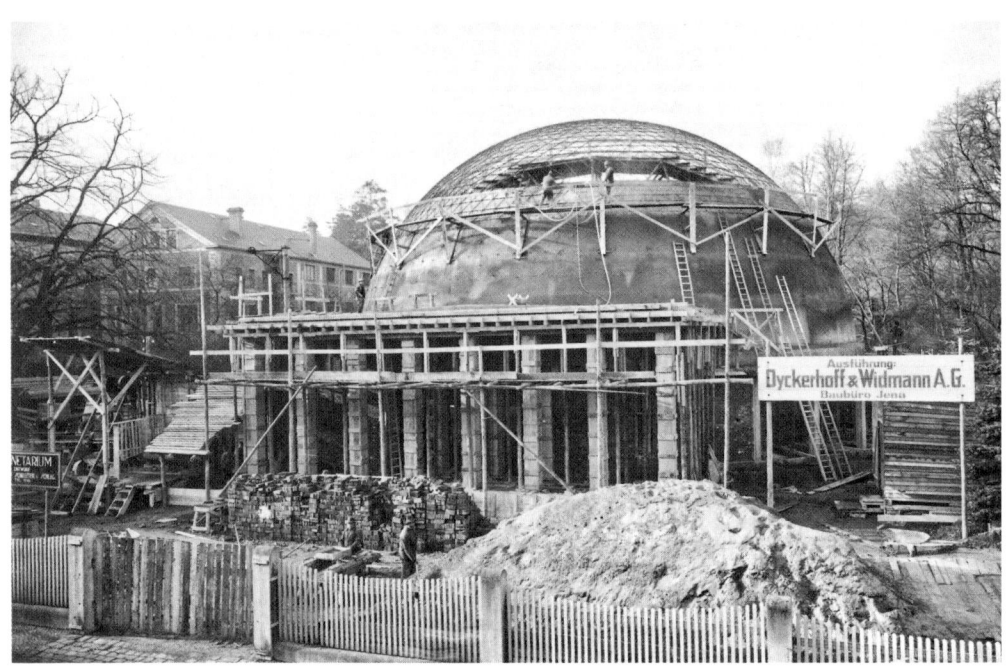

gutes Jahr später wurde daher mit einer Schalenkuppel für die neue Absprengerei des Jenaer Glaswerks *Schott & Gen.*, einer Tochterfirma von *Zeiss*, ein wesentlich kühneres Unternehmen angegangen. Unterstützung erhielten Bauersfeld und Dischinger hierbei durch den Mathematiker Josef Geckeler (1897–1952) sowie dessen Schulfreund, den jungen Bauingenieur Ulrich Finsterwalder (1897–1988). Letzterer ging als Dywidag-Kontaktmann in Jena Bauersfelds Schwiegersohn Geckeler bei der statischen Berechnung zur Hand. Diese war außerordentlich komplex, weil am Ringanker der 40 m weit gespannten Kugelkalotte durch den Stich von lediglich 7,87 m große Zwängungen zu erwarten waren, die in der nur 6 cm starken Schale gefährliche Biegespannungen hervorrufen konnten. Geckelers theoretische Lösung der komplizierten Randbedingungen flacher Rotationsschalen hielt allerdings nicht mit dem Bautempo Schritt, sodass das Problem auf Vorschlag Dischingers zunächst konstruktiv durch die Verschiebung der Bruchfuge mittels eines Übergangsbogens gelöst wurde.[21] Prüfingenieur Heinrich Spangenberg stimmte der Lösung zu, und das Zeiss-Netzwerk der gewagten Kuppelkonstruktion konnte im Mai und Juni 1924 in lediglich drei Wochen torkretiert werden.[22]

Nahezu gleichzeitig begannen im Versuchsplanetarium erste öffentliche Vorführungen von Bauersfelds künstlichem Sternhimmel. Die Resonanz war so überwältigend, dass die Firma *Carl Zeiss* noch im Herbst 1924 den Bau eines dauerhaften Planetariums in Jena veranlasste. Aufgrund der katastrophalen akustischen Bedingungen im Versuchsbau wurde dieses als zweischalige Konstruktion errichtet: Eine innere Zeiss-Netzwerkkuppel diente als Träger der Projektionsfläche, darüber legte sich in 75 cm Abstand ein torkretiertes Zeiss-Netzwerk mit 24,90 m Spannweite als Wetterschutz; der Zwischenraum wurde zur Aufhängung schallreflektierender Blechtafeln genutzt.

◀ *Kuppel der Absprengerei im Glaswerk Schott & Gen. in Jena, 1924. Das nahezu fertiggestellte Zeiss-Netzwerk vor Beginn des Torkretierens, 1924.*

◀ *Zeiss-Planetarium in Jena, 1924–1926. Deutlich ist das ringweise Einbringen des Betons am etwa zur Hälfte torkretierten Zeiss-Netzwerk erkennbar.*

Auf der 28. Hauptversammlung des *Deutschen Beton-Vereins* Anfang 1925 in Berlin stellte Dischinger das Versuchsplanetarium, die Schott-Kuppel und das noch unvollendete Jenaer Planetarium vor und propagierte damit zum ersten Mal umfassend das neuartige System Zeiss-Dywidag. Für dessen Vermarktung

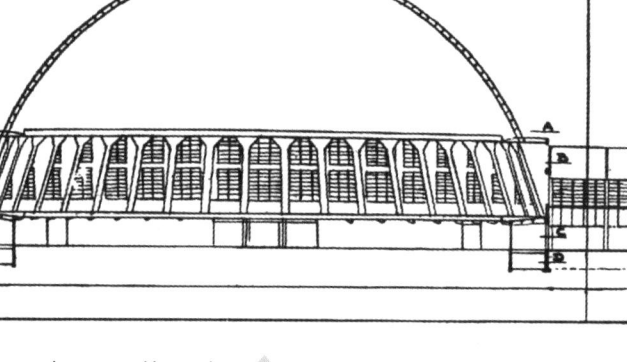

hatten die beiden Firmen zudem eine gemeinsame *Kuppelbau GmbH* gegründet.[23]

Das starke Interesse an Planetarien führte rasch zu ersten Aufträgen: Alleine in den beiden folgenden Jahren wurden sieben weitere dieser Bauten errichtet. Das Bild wurde allerdings merklich dadurch getrübt, dass nur die Planetarien in Dresden, Berlin und Nürnberg eine Außenhülle in Betonschalenkonstruktion erhielten. Nicht zuletzt deshalb hatte man schon frühzeitig nach Möglichkeiten zur Erweiterung des Anwendungsgebiets der Zeiss-Dywidag-Schalen gesucht. Etwa zeitgleich mit der Schott-Kuppel wurde schon gegen Ende 1923 gemeinsam mit dem Archi-

Entwurf für den Palau de la Llum auf dem Montjuïc in Barcelona, 1923(?). An der vorgesehenen Stelle entstand 1926–1929 der Palacio Nacional.

Entwurf einer Kuppelhalle für die Kölner Messe, 1925(?). Die offenkundig doppelschalig geplante Konstruktion hätte mit einer Spannweite von 120 m die Leipziger Kuppeln noch deutlich übertroffen.

tekten Josep Puig i Cadafalch (1867–1956) der Entwurf einer rund 30 m weit gespannten Kuppel für das zentrale Gebäude der späteren Weltausstellung in Barcelona entwickelt.[24]

Ein gutes Jahr später erwähnte Dischinger gar in seinem oben angesprochenen Berliner Vortrag bereits wesentlich gewagtere „*Projekte bis 120 m Spannweite*"[25] – darunter vermutlich ein gemeinsam mit Stadtbaudirektor Adolf Abel (1882–1968) entwickelter riesiger Kuppelbau für die Kölner Messe, der genau diese Dimensionen aufwies.

Durchbruch mit Tonnenschalen

Trotz erster Achtungserfolge hatte Dischinger frühzeitig erkannt, dass eine kommerzielle Verwertung des Zeiss-Dywidag-Systems nur zu erreichen war, wenn es im Industriebau Anwendung finden könnte. Schon Anfang 1923 hatte er dahingehend die Idee doppelt gekrümmter Schalen über rechteckigen Grundrissen entwickelt. Sie sollten durch Binderscheiben ausgesteift werden und ihre Lasten lediglich an den Ecken auf Stützen übertragen. Die außerordentlich komplexe Statik dieser Gebilde sowie die schwierige Herstellung passgenauer Schalungen ließen ihn allerdings von diesem Gedanken wieder abrücken.

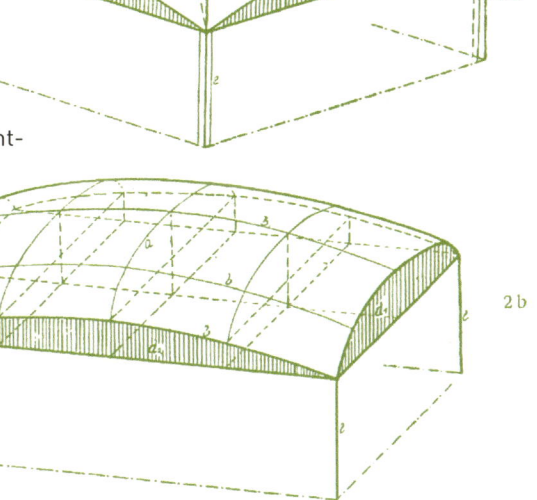

Entwürfe doppelt gekrümmter Schalendächer für rechtwinklige Grundrisse, 1923.

Einen gangbaren Weg erahnte Dischinger hingegen bei einfach gekrümmten Tonnenschalen. Durch eine Versteifung mit Binderscheiben, die Überhöhung der Querschnittskurve gegenüber der Stützlinie sowie die Anordnung von Zugelementen längs der Tonnenränder sollten diese auch orthogonal zur Wölbung eine Membrantragwirkung erhalten. Der anfangs skeptische Bauersfeld bestätigte diese

43

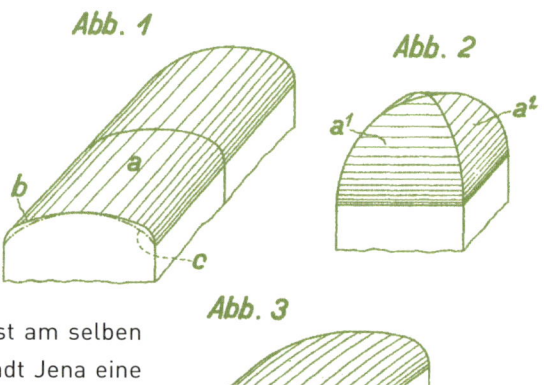

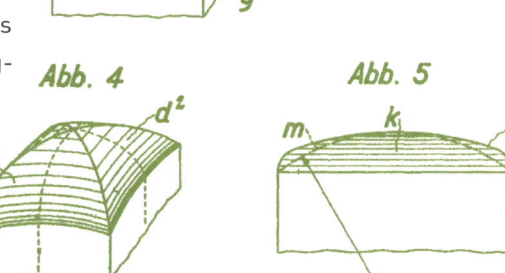

Vermutung durch die Ausarbeitung einer Membrantheorie für solche langen Tonnenschalen und am 22. Januar 1924 meldete die Firma *Carl Zeiss* ein Patent für ein „*pfettenloses Eisenbeton-Tonnendach*" an.[26] Just am selben Tag beantragte Bauersfeld zudem bei der Stadt Jena eine Änderung des bereits im Bau befindlichen Gebäudes 23 im Zeiss-Südwerk, das nun ein erstes Tonnenschalendach erhalten sollte.[27]

Während sich Bauersfeld und Geckeler nach Fertigstellung dieses Bauwerks wieder ihren eigentlichen Aufgaben bei *Zeiss* zuwandten, widmeten sich Dischinger und Finsterwalder in einer eigens unter Dischingers Leitung eingerichteten Dywidag-Schalenabteilung intensiv der Entwicklung praxistauglicher Tonnenschalen. Im Sommer 1925 ließen sie auf dem Biebricher Fabrikhof der *Dywidag* zwei Versuchstonnen aufstellen, und noch im selben Jahr führte die Firma auf ihrem Werksgelände in Neuss eine Werfthalle mit Tonnenschalendach aus. Wie beim Kuppelbau war der Blick schon zu diesem Zeitpunkt weit nach vorne gerichtet, denn eine in Dischingers Nachlass überlieferte Innenraumperspektive vom November 1925 zeigt eine dreischiffige Halle in gewaltigen Dimensionen.

Ebenfalls dreischiffig, aber deutlich bescheidener fiel im Frühjahr 1926 die erste Ausführung eines öffentlichen Bauwerks mit Tonnenschalendach im Rahmen der Düsseldorfer Ausstellung *GeSoLei* aus. Die mit sechs 11,50 m weit gespannten und bis zu 23 m langen Schalen bedachte Dywidag-Halle konnte dafür mit einer bedeutsamen Neuerung aufwarten: Das Zeiss-Netzwerk diente hier lediglich noch zur Formgebung der mit herkömmlichen Holzschalungen und Eiseneinlagen erstellten Schalen und konnte so mehrfach verwendet werden.[28] Diese Maßnahme verringerte die

▲ *Schalendachformen aus dem Patent „Pfettenloses Eisenbeton-Dach" (DRP 431.629)*

Zweite Dywidag-Versuchstonne während eines Belastungstests, 1925. Trotz einer Schalenstärke von lediglich 1,5 cm verformte sich das Bauwerk unter einer Last von 18 t nur unwesentlich. ▶

Innenraumperspektive einer großen Halle mit Tonnenschalen, 1925. Geplanter Standort und Funktion der Halle sind bislang unbekannt. ▶

Akten Foto

darf nicht entnommen werden.

Kosten erheblich und verän-
derte zugleich grundlegend
den Charakter der Zeiss-Dywidag-Schalen: Waren sie
zuvor aufgrund des bereits
selbsttragenden Netzwerks
letztlich eine *„Uebertragung
des Systems Melan in den
Raum"*[29] gewesen, so wurden sie nun zu Stahlbeton-
konstruktionen im eigentlichen Sinn.

Die verbesserte Wirtschaftlichkeit war ein entscheidender Schritt im Konkurrenzkampf mit dem Stahlbau.
Schon Ende 1926 konnte die *Dywidag* mit der Überdachung
der Großmarkthalle in Frankfurt am Main den Auftrag für

Akten Foto
darf nicht entnommen werden.

das erste Großbauwerk in der neuen Bauweise erringen. Der von Martin Elsaesser (1884–1957) architektonisch bearbeitete Bau wies 15 jeweils nur 7 cm starke Quertonnen mit 14,10 m Spannweite und 36,90 m Trägerlänge auf. Mittels schräggestellter Pfeiler überdachten sie eine stützenfreie Grundfläche von 50 x 220 m.

Auf Initiative Finsterwalders kam es noch während der Bauphase zu einer entscheidenden Planänderung: Er gab den vom Patent vorgegebenen halbelliptischen Tonnenquerschnitt zugunsten eines wesentlich wirtschaftlicher herzustellenden Kreissegments auf. Die hierdurch längs der Schalenränder entstehenden Querbiegemomente wurden von 1,90 m hohen Hohlkästen aufgenommen, die ohnehin bereits vorgesehen waren.

Auch wenn Finsterwalders eigenmächtige Planänderung zum Ausgangspunkt eines mit harten Bandagen geführten Kleinkriegs mit seinem Vorgesetzten Dischinger wurde,[30] ebnete sie dem Bausystem endgültig den Pfad

„Dywidag-Halle" in Düsseldorf, 1926. Der Blick auf die Baustelle zeigt anschaulich die wichtigsten Stadien im Herstellungsprozess des Schalendachs.

Innenraumperspektive der Großmarkthalle Frankfurt am Main, 1926.

Querschnitte früher Zeiss-Dywidag-Tonnenschalen. Innerhalb nur eines Jahres vollzog sich ein grundlegender Konzeptionswandel vom elliptischen Querschnitt mit nahezu gewichtslosem Randglied zur Kreissegment-Tonnenschale auf Biegeträgern.

zum kommerziellen Erfolg. Noch im Verlauf des Jahres 1927 wurde die auf Biegeträgern gelagerte Tonnenschale in Kreissegmentform im Rahmen von Aufträgen für eine Werkstätte der *Frankfurter Elektrizitätswerke* sowie einen Flugzeughangar im litauischen Kaunas derart grundlegend ausformuliert, dass der *„Konstruktions-typus einfache und aneinandergereihte Kreiszylindersegmentschale [...] im Wesentlichen ausgereizt"* war.[31] Weltweit entstanden in den folgenden Jahrzehnten unzählige Bauten mit Tonnenschalen- sowie den hieraus abgeleiteten Schalensheddächern. Um die Entwicklung letzterer machte sich insbesondere der Ende 1926 zur Dywidag-Schalenabteilung hinzugestoßene Hubert Rüsch verdient.

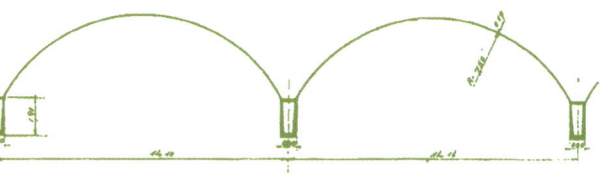

Querschnitt Dywidaghalle Düsseldorf

Querschnitt Großmarkthalle Frankfurt a. M.

Querschnitt Flugzeughalle Kowno

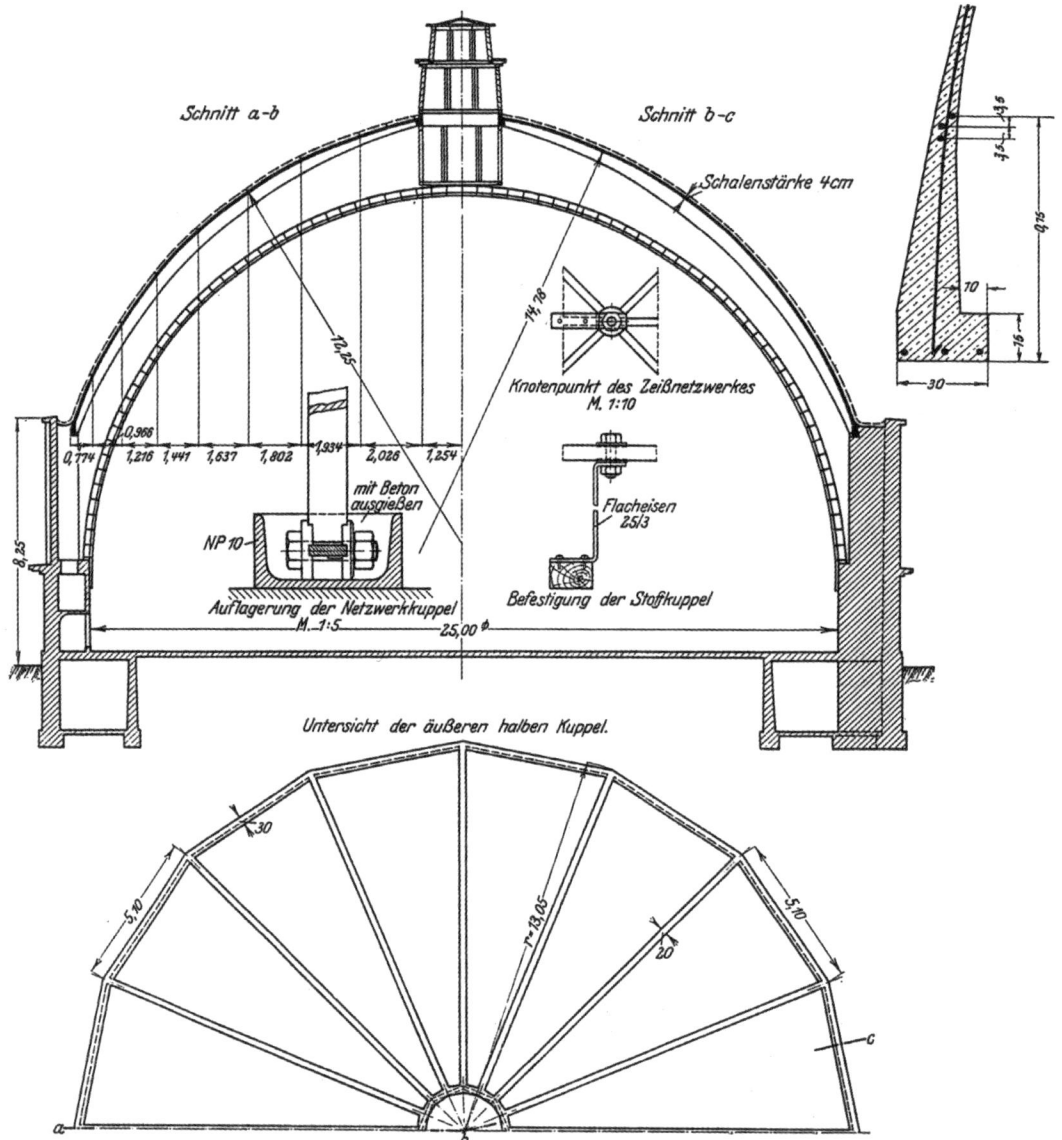

Schnitt a-b

Schnitt b-c

Schalenstärke 4cm

Knotenpunkt des Zeißnetzwerkes
M. 1:10

Flacheisen
25/3

Befestigung der Stoffkuppel

mit Beton
ausgießen

NP 10

Auflagerung der Netzwerkkuppel
M. 1:5

25,00 ∅

Untersicht der äußeren halben Kuppel.

Von der Tonnenschale zur Vieleckschale

Die praktische Umsetzung erprobter Konstruktionen interessierte Dischinger nur mäßig. Er widmete sich unterdessen lieber der Arbeit an einer umfassenden Publikation zum Betonschalenbau. Seine 1928 im *Handbuch für Eisenbetonbau* veröffentlichte Abhandlung, in der erstmals sowohl eine Vielzahl von Berechnungsverfahren als auch eine große Auswahl ausgeführter Bauten vorgestellt wurden, erlangte als epochales Bindeglied zwischen Theorie und Praxis des Schalenbaus weltweite Aufmerksamkeit.[32]

Parallel suchte er nach immer neuen Formen für weitgespannte Schalentragwerke. In den Fokus seines Interesses rückten dabei unter anderem Vieleckschalen in der Form von Klostergewölben. Deren Einzelsegmente, die sogenannten Walme, zeigten in statischer Hinsicht große Ähnlichkeit mit Tonnenschalen, wobei die Aussteifung hier nicht durch Binder, sondern durch die Grate zwischen den einzelnen Walmen erfolgte.

Eine erste praktische Anwendung erfolgte 1926 mit der Außenkuppel des Planetariums von Dresden, die laut Dischinger primär *„aus architektonischen und akustischen Gründen"* als Vieleckschale errichtet wurde.[33] Bei 25 m Spannweite ähnelte die lediglich 4 cm starke Pionierkonstruktion in ihrem statischen Gesamtverhalten noch einer Rotationsschale, da sie aus immerhin 16 Teilsegmenten zusammengesetzt war.[34] Somit spielte die Dresdener Vieleckschale noch nicht jenen bereits im Tonnenschalen-Patent vom Januar 1924 formulierten Trumpf aus, der diesen Tragwerkstyp für Dischinger sowohl den Rotationsschalen wie auch den Rippenkuppeln überlegen machte: Die Fähigkeit, frei von Grat zu Grat zu tragen.[35]

Schon bald darauf sollte jedoch die hieraus erwachsende Möglichkeit zur Reduzierung der Kuppelsegmente ins Zentrum der Überlegungen rücken. Weil hiermit eine spürbare Verringerung der benötigten Stützen einherging, weckte das Konzept der Vieleckschale das lebhafte Interesse des Leipziger Stadtbaurats Hubert Ritter, der genau zu diesem Zeitpunkt intensiv auf die Verwirklichung der schon seit mehr als einem Jahrzehnt geplanten Großmarkthalle für Leipzig hinarbeitete.

▲ *Blick auf die Baustelle des Dresdener Planetariums. Auf dem Zeiss-Netzwerk der Innenkuppel werden Schalungselemente für die Gratrippen der Außenkuppel angebracht.*

◀ *Planetarium Dresden, 1926. Schnitte und Untersicht der als 16teilige Vieleckschale gestalteten Außenkuppel.*

Hubert Ritter und die Planung der Leipziger Großmarkthalle

Ein Beitrag von Peter Leonhardt

Bereits vor dem Ersten Weltkrieg hatten ein steigendes Handelsaufkommen und der fehlende Gleisanschluss an der 1891 eröffneten Markthalle am Königsplatz die Reorganisation des Leipziger Lebensmittelgroßhandels erforderlich gemacht. Ein erstes Projekt zu einer Großmarkthalle neben den Gleisanlagen des Bayerischen Bahnhofes entstand unter Leitung des Stadtbaurats Otto Wilhelm Scharenberg (1851–1920) im Jahre 1914. Es zeigte, wie die zwei Jahre zuvor vollendete Münchener Großmarkthalle von Richard Schachner (1873–1936), drei nebeneinander liegende Hallenschiffe in Stahlbetonkonstruktion, die durch niedrigere Trakte miteinander verbunden waren. Drei von schmaleren

Erschließungswegen gekreuzte Straßen durchquerten die Halle, wobei jeder Marktstand direkt an einer der inneren Straßen lag. An diesem Schema wurde während der gesamten rund fünfzehnjährigen Planungsphase festgehalten.

▲ *Großmarkthalle München, 1910–1912, Perspektive.*

▲ *Entwurf Großmarkthalle Leipzig, 1914, Perspektive.*

Scharenbergs Nachfolger, Carl James Bühring (1871–1936), modifizierte den Entwurf im Jahre 1916 – statt der Mansarddächer im Sinne der Reformarchitektur plante er wie Schachner Satteldächer und ersetzte die Atelierfenster durch Fenster in den Hallenwänden. Kriegsbedingt blieb jedoch auch dieses zweite Projekt unausgeführt. Stattdessen erwarb die Stadt 1921 zwei ehemalige Flugzeugmontagehallen von jeweils 70 m Länge und reichlich 22 m Breite, die zu einem lang gestreckten Bau zusammengefügt wurden und ab April 1923 als provisorische Großmarkthalle an dem bereits geplanten Standort dienten.

Im Dezember 1924 wurde Hubert Ritter zum Stadtbaurat in Leipzig gewählt. Das dortige Hochbauamt war schon in den letzten beiden Jahrzehnten des 19. Jahrhunderts von Hugo Licht (1841–1923) zum Entwurfsbüro ausgebaut worden, das die meisten kommunalen Bauprojekte selbst entwarf. Ritter – gleichermaßen verwaltungserfahren wie machtbewusst – gelang es, zusätzlich auch die Zuständigkeit für die Stadtplanung, für den kommunalen Wohnungsbau und die Baupolizei unter seine Verantwortung zu bringen. Die Siedlung *Rundling* und die Großmarkthalle machten ihn weit über Leipzig hinaus bekannt. Von den knapp zwanzig Architekten in der Entwurfsabteilung des Hochbauamtes trat keiner unter eigenem Namen hervor; Ritter beanspruchte die Autorschaft an allen Projekten seines Dezernates für sich selbst.

Hubert Ritter (1886–1967), Architekt[36]

Nach dem Architekturstudium an der TH München begann der Spross einer Nürnberger Künstlerfamilie 1909 seine Laufbahn im Atelier Friedrich von Thierschs, wechselte aber bald in die Bauverwaltung. 1913 wurde Ritter Stadtbaumeister im Kölner Hochbauamt, das er nach seiner Wahl zum Leipziger Stadtbaurat Ende 1924 wieder verließ.

Gestützt auf einen Apparat von rund 140 Mitarbeitern verwirklichte Ritter in Leipzig zahlreiche Neubauten für Versorgung, Bildung und Kultur sowie rund 8.000 Wohnungen. Dessen ungeachtet scheiterte am 17. Dezember 1930 seine Wiederwahl am Widerstand rechter und linker Parteien.

Als selbstständiger Architekt beschäftigte er sich in der Folge insbesondere mit dem Krankenhausbau, über den er 1932 an der TH Hannover promovierte. In der NS-Zeit zunächst weitgehend von öffentlichen Aufträgen ferngehalten, erhielt Ritter 1940 den Auftrag zur Ausarbeitung eines Generalbebauungsplans für Krakau und übernahm im folgenden Jahr die Stelle des Stadtbaurats von Luxemburg.

Nach Kriegsende widmete sich Ritter – zunächst in Leipzig, ab 1952 gemeinsam mit seinem Sohn Hans Ritter in München – wiederum dem Krankenhausbau, bevor er 1963 seine praktische Tätigkeit beendete.

▲ *Hubert Ritter, 1924*

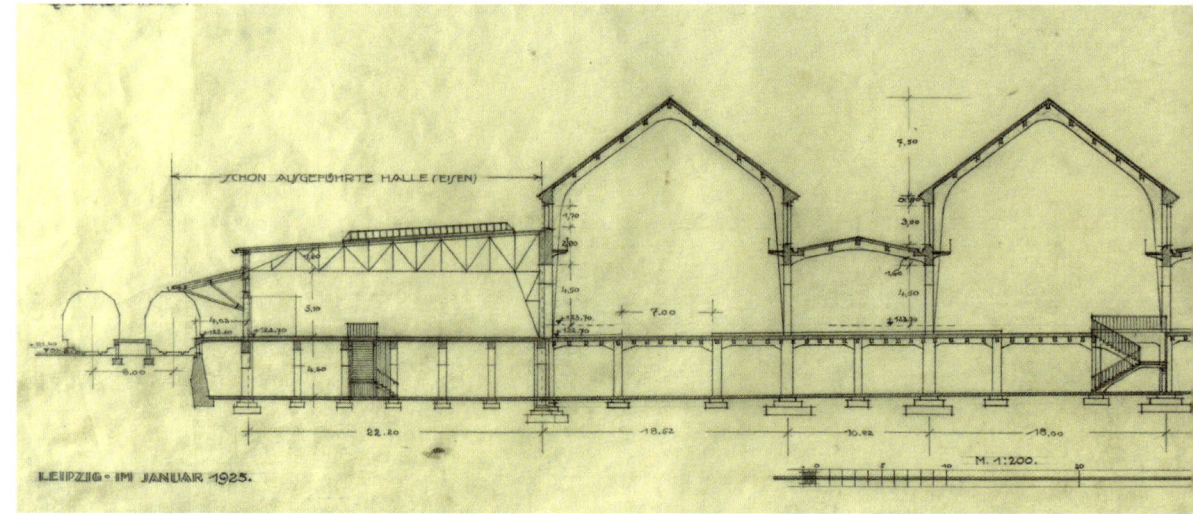

Das Großmarktprojekt seiner Vorgänger führte Ritter wenige Wochen nach seinem Amtsantritt im Januar 1925 fort; am Hallengrundriss und an der Fassadengestaltung änderte er nichts. Am 8. Juli 1925 fassten die Stadtverordneten den Beschluss zum Neubau der Großmarkthalle; weil aber zuvor neue Gleisanschlüsse hergestellt werden sollten, verschob sich der Baubeginn. Die Verzögerung ermöglichte den Planwechsel vom konventionellen mehrschiffigen Hallenbau zu einem Entwurf mit Schalenkuppeln. Viel spricht für die Annahme, dass die Impulse hierfür von Ritter ausgingen, der die eigenen Entwürfe immer an den neuesten Entwicklungen außerhalb Leipzigs maß.[37]

Ritter konnte dem älteren Entwurf zur Großmarkthalle anscheinend wenig abgewinnen, denn trotz seines Umfangs und der Bedeutung für die Versorgung der Stadt und des Umlandes publizierte er ihn nie. Schon zum Zeitpunkt des Baubeschlusses der Großmarkthalle rechnete er daher mit Planänderungen: *„Der Rat sei durchaus nicht der Meinung",* erklärte Gesundheitsdezernent Ludwig Theodor Dix (1874–1930) im Ausschuss für das Markthallenwesen Anfang Juli 1925, *„daß das Projekt im Jahre 1931 genauso aussehen müsse, wie es jetzt im Modell vorliege".* Ritter prüfe momentan, in welcher Weise *„Eisenkonstruktionen"* beim Oberbau Verwendung finden könnten. Dieser selbst führte aus, er stehe *„mit großen Firmen in Verbindung, da der Plan aufgetaucht sei, das Ganze mit einem Bogen zu überspannen."*[38]

▲ *Entwurf der Großmarkthalle Leipzig, 1925. Die Orientierung an der „Basilikaform" der Münchener Großmarkthalle wird im Querschnitt überdeutlich. Im linken Bildteil ist die bereits 1922/23 errichtete provisorische Markthalle zu erkennen.*

Planetarium Leipzig, 1926. Das Bauwerk erhielt zwar ein konventionelles Zeltdach, dennoch setzte sich Ritter beim Entwurf wohl erstmals mit dem Betonschalenbau auseinander. ▶

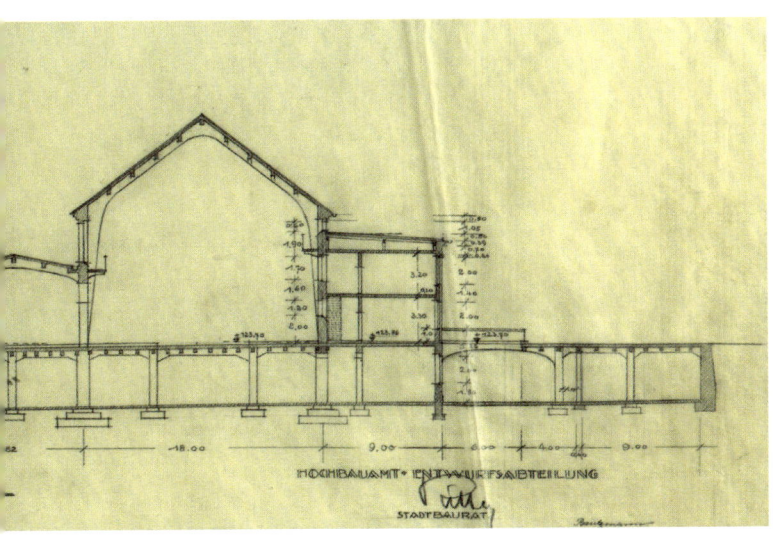

Vermutlich in der zweiten Hälfte des Jahres 1925, spätestens in den ersten Monaten des folgenden Jahres begann sich Ritter mit dem Schalenbau zu beschäftigen. Eine Schlüsselrolle spielte dabei das von Februar bis September 1926 nach Ritters Entwurf erbaute Leipziger Planetarium. Die *Dywidag* errichtete in Leipzig zwar keine Betonschalenkuppel, projektierte aber das innenliegende Zeiss-Netzwerk für die Stoffbespannung.

Der Erfolg der Zeiss-Dywidag-Schalen im Wettbewerb um das Dach der Frankfurter Großmarkthalle im Dezember 1926 dürfte Ritter endgültig von der Eignung des neuen Konstruktionssystems für den Leipziger Neubau überzeugt haben. Mehrfach besuchte er mit dem Bauingenieur Richard Doorentz aus der statischen Abteilung des Hochbauamts die Baustelle in Frankfurt. Im April 1927 besichtigten beide die von der Frankfurter Bauaufsicht geforderte Musterschale. Umgekehrt nahm auch das Frankfurter Hochbauamt vom Leipziger Neubau Notiz und holte Informationen darüber ein.

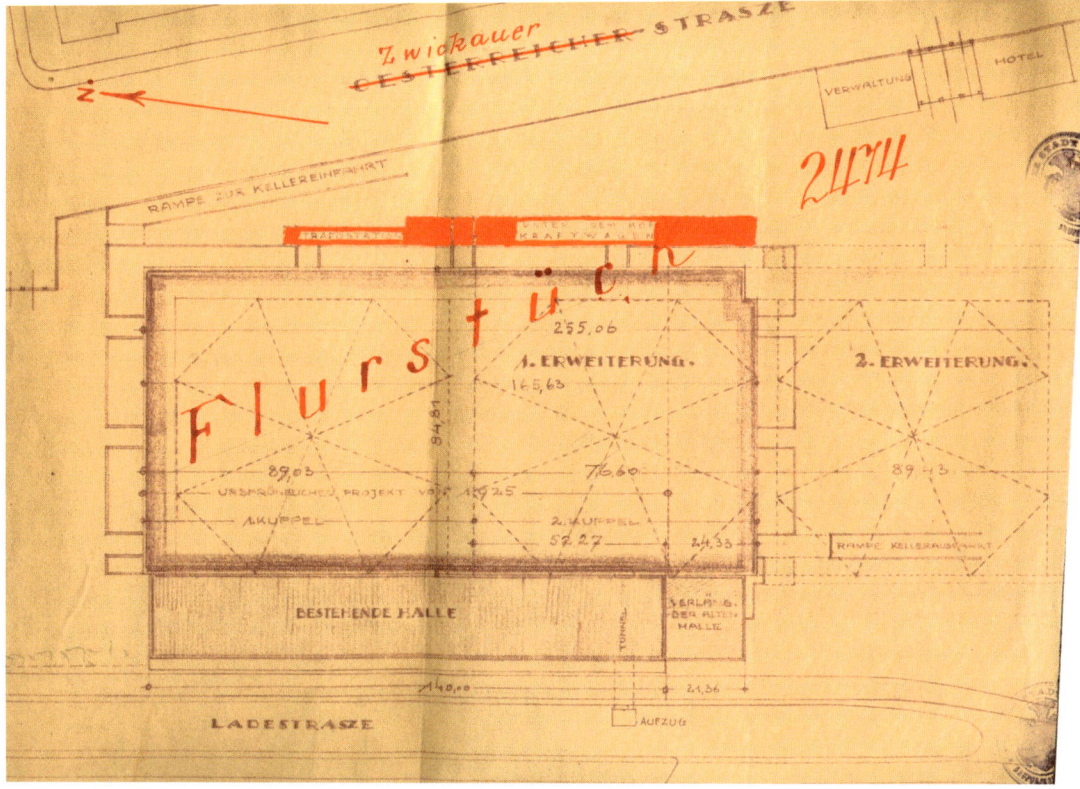

Parallel ließ Ritter in den ersten Monaten des Jahres 1927 die Planung vom Frühjahr 1925 nochmals überarbeiten, holte Gutachten und Preisangebote ein, ließ nun aber zusätzlich auch eine Ausführung mit Kuppeln aus Stahl oder Stahlbeton rechnerisch und anhand von Modellen gegeneinander abwägen. In der Vorlage des Rates für die Stadtverordneten vom Mai 1927 wurde dies damit begründet, dass „die bisher gewählte Konstruktion an dem Nachteil litt, daß die Hallenfläche durch eine große Zahl von Stützen unterbrochen und damit an einer vielseitigen Verwendung behindert wird".[39] Ritter selbst schilderte den einschneidenden Planwechsel rückblickend folgendermaßen:

„Dix wollte eine Halle mit möglichst wenig Stützen. Sowohl die Vorbilder von München wie die von Frankfurt entsprachen diesem seinem Wunsch nur in geringem Umfang. Ich machte ihm verschiedene Vorschläge, bei denen ich die Kuppelform zugrunde legte. Denn die Kuppel wurde, abgesehen von dem Mangel an Stützen, auch den anderen Anforderungen an eine Großmarkthalle weitgehend gerecht. Sie garantierte hinrei-

▲ *Lageplan der Großmarkthalle Leipzig mit den vorgesehenen Erweiterungsschritten.*

Die auf den 7. 5. 1927 datierte schematische Ansichtszeichnung der Leipziger Großmarkthalle von Willy Seidler ist die älteste bekannte Darstellung der neuen Konzeption mit Vieleckkuppeln. ▶

*chende Tagesbeleuchtung, [...] und sie gewährleistete dane-
ben eine einwandfreie und billige Lüftung [...]. Ich schlug ihm
zunächst eine Kombination von 4 Kuppeln um einen starken
Mittelpfeiler vor. Aber dieser Vorschlag ergab in Verbindung
mit der bestehenden Flugzeughalle keine befriedigende Lösung. Wir einigten uns deshalb auf eine Kombination von 3
hintereinander aufgereihten Kuppeln, wobei 2 Kuppeln sofort
zu bauen waren, während die 3. Kuppel als Reserve für eine
spätere Erweiterung gedacht war."*[40]

Aus den bisher bekannten Unterlagen geht nicht hervor,
wann Ritter erstmals mit Dischinger über die Möglichkeit
der Verwendung von Vieleckschalen konferierte. Einem Aufsatz der beiden Protagonisten ist lediglich zu entnehmen,
sie hätten – unterstützt durch Doorentz und Architekt Willy
Seidler aus dem Hochbauamt sowie Stadtrat Dix und den
Leipziger Markthallendirektor Emil Müller (1876–1932) –
den neuartigen Vorschlag im Verlauf *„längerer Versuche"* ge-

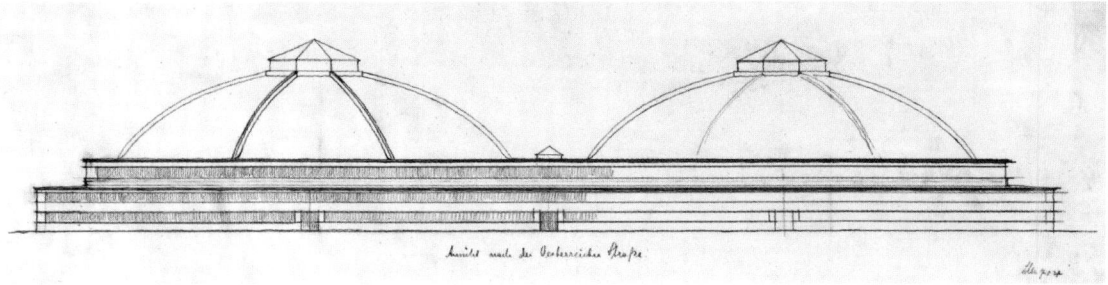

meinsam entwickelt.[41] Die älteste erhaltene Zeichnung mit
einer solchen Kuppelkonstruktion datiert auf den 7. Mai 1927.
Alternative Pläne sind nicht bekannt. Bereits die frühesten
Entwürfe zeigen weitgehende Übereinstimmung mit dem
fertigen Bau.

Wie von Ritter ausgeführt, sah die neue Planung drei
Achteckkuppeln vor, die eine Fläche von rund 238 m Länge
und 76 m Breite überdachen sollten. Die Gesamtfläche von
18.000 m² übertraf jene der Frankfurter Großmarkthalle um

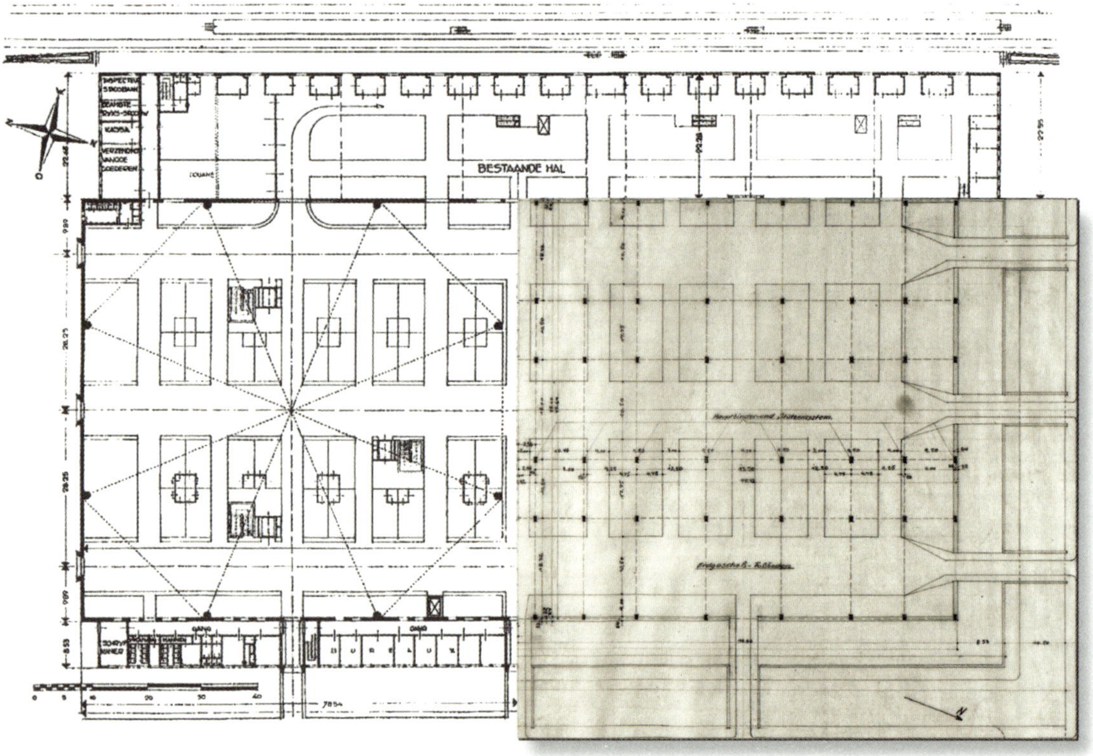

mehr als die Hälfte. Ergänzend sollte ein achtgeschossiges Hochhaus mit Gaststätten und Unterkünften für auswärtige Händler errichtet werden.

Die neue Planung führte zu einer erheblichen Verringerung der Stützenzahl gegenüber dem Münchener oder Frankfurter Konstruktionssystem. Für Ritter stand jedoch der architektonische Gewinn durch die hochmodernen Vieleckschalen gegenüber dem konventionellen Deckel der

Vorgängerplanung an erster Stelle. Für die Aufteilung der Hallenfläche, für Größe und Anzahl der Großhandelsstände war die neue Konstruktion ohne Bedeutung, denn Ritter nahm keinerlei Änderungen am Grundriss und den Funktionsabläufen vor.

Entscheidend war die Kuppelform aber für die Raumbildung und die äußere Gestalt. Ritter sah hier eine Chance, mit einer zuvor noch nie erreichten Spannweite eine einmalige Raumwirkung verwirklichen und mit den Kuppeln ein starkes Symbol des kommunalen Bauens in das Stadtbild einfügen zu können.[42] Um diese wirkungsvoll in Erscheinung treten zu lassen, unterschied Ritter zwischen den Sockelgeschossen der Büroanbauten aus dunkelroten Ziegeln und den beiden hellen Kuppeln mit einer Eindeckung aus Zementplatten. Bei der „architektonischen Durchbildung", habe er das Ziel verfolgt,
„die Konstruktion der Kuppel klar zur Darstellung zu bringen".[43] Auch das Hochhaus war nicht in erster Linie funktionellen, sondern gestalterischen Erwägungen geschuldet: „Die steile Form des Wirtschafts- und Wohnungsbaues war vom architektonischen Standpunkt aus insofern willkommen, als sie in ihrer starken Vertikale die ausgesprochen horizontale Tendenz der Großmarkthalle zu einem Ausgleich führt."[44]

Modell der Großmarkthalle Leipzig mit drei Kuppeln, 1927 (kleines Bild: Variante mit Hochhaus).

Ein Vergleich der Erdgeschoss-Grundrisse der ausgeführten Leipziger Großmarkthalle und der vorangegangenen Planung in „Basilikaform" aus dem Jahr 1925 (aufgelegter Planausschnitt rechts) verdeutlicht die weitgehende Übernahme von Hauptabmessungen und innerem Erschließungskonzept.

Innenansicht Modell der Großmarkthalle Leipzig, 1927.

Am 13. Juli 1927 stimmten die Stadtverordneten der geänderten Planung zu. Die Ratsvorlage wurde ohne Diskussion angenommen, weil „die Ausführungskosten der neuen Konstruktion nicht teurer kommen als die der alten",

wie das Hochbauamt versicherte.[45] Aufgrund der gewagten Konstruktion verlangten Doorentz und Stadtbaudirektor Georg Fest in den Verhandlungen über die Auftragserteilung mit der Leipziger *Dywidag*-Zweigniederlassung allerdings, während der Ausführung müsse *„ein besonders bezeichneter Herr, der über die bisher im Zeiss-Kuppelbau durchgeführten Versuche genau unterrichtet ist und diesen Versuchen beigewohnt hat, ständig auf der Baustelle zugegen sein".*[46] Diese verantwortungsvolle Rolle übernahm der junge Bauingenieur Hubert Rüsch. Er wurde zur Leipziger *Dywidag*-Filiale entsandt und zeichnete in der Folge auch für die Aufstellung sämtlicher statischer Berechnungen verantwortlich.

Einige Wochen später wurde zudem mit Willy Gehler der Schöpfer der Breslauer *Jahrhunderthalle* als Gutachter und Prüfer verpflichtet.[48] Am 19. Oktober 1927 erteilte das Leipziger Baupolizeiamt schließlich die Genehmigung des Baugesuchs für den ersten Bauabschnitt,[49] sodass mit den Arbeiten an einem der spektakulärsten Bauwerke der Weimarer Zeit begonnen werden konnte.

Hubert Rüsch (1903–1979), Bauingenieur[47]

Direkt nach seinem Studium an der TH München übernahm der Sohn einer vorarlbergischen Industriellendynastie ab 1926 bei der *Dyckerhoff & Widmann AG* die statisch-konstruktive Bearbeitung wichtiger Großprojekte. Im Anschluss an die Leipziger Großmarkthalle bearbeitete er bereits alleinverantwortlich die hiervon inspirierte Schalenkuppel der Markthalle in Basel. 1931 promovierte er über Schalensheddächer, die er wenig später in Buenos Aires erstmals praktisch umsetzte. Mit den Schalendächern des Volkswagenwerks verhalf er diesem Konstruktionstyp 1938 zum internationalen Durchbruch.

Ab 1943 spielte Rüsch eine zentrale Rolle bei der Entwicklung der weltweit ersten Spannbeton-Norm. 1948 folgte er dem Ruf seiner Alma Mater auf die Professur für Massivbau und wurde zu einem führenden Spezialisten für Spannbeton, die Theorie des Stahlbetons und das plastische Verhalten von Beton.

Rüsch wirkte in den Gremien zahlreicher internationaler Verbände, die er – wie etwa das *Comité Européen du Béton (CEB)* – teilweise selbst mitbegründete. Wie kaum ein zweiter deutscher Bauingenieur nahm er bis zu seiner Emeritierung im Jahr 1969 Einfluss auf die internationale Entwicklung des Stahlbetonbaus der Nachkriegszeit.

▲ *Hubert Rüsch, 1931.*

◀ *Blick in die westliche Erschließungsstraße des fertigen Bauwerks.*

Werner Lorenz
Traditionslinien

Geschichte wiederholt sich nicht. Doch nie ist etwas wirklich neu, so ungewöhnlich es auf den ersten Blick auch erscheinen mag. Bereits im Zusammenhang mit der konkreten Entwurfsgeschichte der Großmarkthalle war deutlich geworden, dass die für Leipzig gefundene Lösung als konsequente Weiterentwicklung eines Prozesses zu verstehen ist, der von den ersten Stahlbeton-Rippenkuppeln zur Idee der Zeiss-Dywidag-Schalen und ihrer sukzessiven statisch-konstruktiven Ausformung führte.

Weitet man den Horizont, so sind vor allem zwei Fragen für ein tieferes Verständnis der Leipziger Halle von Bedeutung. Zum einen – welche *baugeschichtlichen* Traditionslinien bestimmen das räumliche Konzept in Leipzig? Was charakterisierte die Typologie der Markthallen als eine für die rasch gewachsenen Städte des frühen 20. Jahrhunderts bedeutsame Bauform: Wo in dieser Typologie positionieren sich Ritter und Dischinger mit ihrer Lösung für Leipzig? Zum anderen – welche speziell *bautechnikgeschichtlichen* Traditionslinien lassen sich ausmachen? Gibt es ungeachtet des hohen Innovationsgrades doch auch Anknüpfungen an ältere strukturelle Lösungen für die gewölbte Überdachung großer Zentralräume?

Markthallen – Traditionslinien des räumlichen Konzepts

In der Typologie der Markthallen steht die Leipziger Halle im Grundsatz in der Tradition der ersten modernen Großmarkthalle überhaupt, die Mitte des 19. Jahrhunderts auf Erlass Napoleons III. im Zentrum von Paris errichtet worden war. Das Konzept der *Halles Centrales* war bestimmt durch die modulare und prinzipiell beliebig erweiterbare Addition rechteckiger Grundeinheiten.

Grundrissbildung durch modulare Addition. Die Ideen dazu hatte bereits Jean-Nicolas-Louis Durand (1760–1834) geliefert, der seit 1795 in seinen Vorlesungen an der *École*

Polytechnique unter anderem die Markthallen als neue eigen-
ständige Bauform thematisiert und wenig später in richtungsweisenden Publikationen auch veröffentlicht hatte. Mitte des
19. Jahrhunderts konnten sich die Architekten Victor Baltard
(1805–1874) und Félix
Callet (1791–1854) für
die Ausbildung der
einzelnen Module der
später als *Bauch von
Paris* weltberühmt ge-
wordenen *Halles Cen-
trales* dann bereits
verschiedener Proto-
typen bedienen, die,
noch veranlasst durch
Napoleon I., von 1810
an sukzessive in ein-

zelnen Pariser Arrondissements als lokale Markthallen
erbaut worden waren. Zudem standen mit den zahlreichen
Pariser Passagen konstruktive Lösungen für die Überdachung der Verbindungsgassen zwischen den einzelnen
Modulen bereit.

▲ *Modulare Grundrissbildung
für Markthallen: Halles Centrales
in Paris, 1853–1858, 1860–1874.*

Der 70 Jahre später in Leipzig gewählte räumliche
Ansatz ist dem Pariser Muster vergleichbar. Auch er ist
charakterisiert durch die Reihung eines Grundmoduls. Das
Modul selbst weist freilich signifikante Unterschiede auf.
Es ist wesentlich größer, die gewählte Struktur ist ausge-
richtet auf eine radikale Minimierung der Stützenanzahl,
und statt Gusseisen und Stahl kommt nun Stahlbeton zum
Einsatz – eine Entwicklung, die sich im Markthallenbau
bereits seit Beginn des 20. Jahrhunderts abzuzeichnen
begann. Sie trug nicht zuletzt den Korrosionsproblemen
Rechnung, die unter den spezifischen Bedingungen der
Markthallen den stählernen Tragwerken immer wieder zu-
gesetzt hatten.

Basilikale Grundriss-Konzepte. Die ersten Stahlbeton-Markthallen bildeten mit ihren basilikalen Grundriss-Konzepten typologisch einen Gegenpol zur später in Leipzig konzipierten modularen Reihung. Auch deren Vorlage war schon im 19. Jahrhundert in Gusseisen und Stahl formuliert worden.[50] Prototypisch für die Übertragung in den Stahlbetonbau stehen die Markthallen I und II in Breslau. Der ursprüngliche Entwurf hatte noch Stahltragwerke vorgesehen; realisiert wurden 1906 bis 1908 auf Initiative des Stadtbauinspektors Heinrich Küster (1870–1956) jedoch eindrucksvolle Parabelbinder aus Stahlbeton.

Ausschlaggebend für die Entscheidung zugunsten der neuen Bauweise war nicht zuletzt der Umstand, dass sie um etwa 25 % preiswerter war als eine traditionelle eiserne Halle. Das Ergebnis war überzeugend, für Küster war hier *„mit Hilfe des Eisenbetons durch Zusammenarbeiten von Ingenieur und Architekt eine Raumwirkung erzielt, wie sie mit Eisen nicht denkbar ist."*[51]

Nur wenig später setzten der Architekt Richard Schachner (1873–1936) und die *Bauunternehmung Leonhard Moll* mit der Münchener Großmarkthalle am Südbahnhof (1908–1911) auf Basis des basilikalen Konzepts neue Maßstäbe.[52] Der von einigen Nebenanlagen umgebene eigentliche

Basilikale Grundrissbildung in Verbindung mit Bogentragwerken: Markthalle am Ritterplatz in Breslau, 1906–1908, im Bau.

Basilikale Grundrissbildung mit Bogentragwerk: Großmarkthalle München, 1910–1912.

Immer weniger Stützen bei etwa gleicher Grundfläche: Vergleich der Großmarkthallen München (1910–1912), Frankfurt am Main (1926–1927) und Leipzig (1927–1929).

Markt bestand aus vier Hallen in Ost-West-Ausrichtung, deren Dächer auf je zwölf Stahlbetonbindern mit 16,50 m Spannweite ruhten (s. S. 50). Einschließlich flach gedeckter Zwischenhallen und einer angeschlossenen Abfertigungshalle ergab sich ein nahezu quadratischer Marktbereich von knapp 10.000 m² – die weltweit erste Großmarkthalle in Stahlbeton. Problematisch war hier allerdings noch die große Zahl benötigter Stützen. Wohl nicht zuletzt deshalb entschied man sich 1926 in Frankfurt am Main dann bei ähnlicher Gesamtfläche für einen rechteckigen Bau von rund 50 x 200 m, der mit gereihten Tonnenschalen auf schräg gestellten Stützen frei überdeckt werden konnte (s. S. 47).[53]

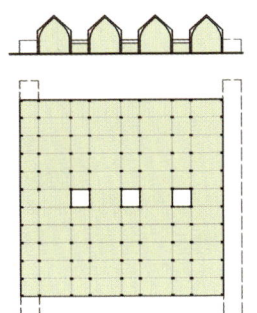

Eine nochmals andere basilikale Lösung schließlich war nahezu zeitgleich mit der Leipziger Halle 1927 bis 1929 in Frankreich realisiert worden. Die Markthalle von Reims *(Halles du Boulingrin)*, für die als Ingenieur kein geringerer als Dischingers großer Gegenspieler Eugène Freyssinet (1879–1962) und als Architekt Émile Maigrot (1880–1961) verantwortlich zeichneten, kann als Gegenentwurf zur Frankfurter Großmarkthalle gelesen werden: Wird in jener der lang gestreckte Raum von 13 Quertonnen überdacht, überspannt ihn in Reims eine (konstruktiv aus Segmenten zusammengesetzte) große Längstonne.[54] Mit parabolischem Profil und 19 m Stichhöhe erinnert sie in ihrer Raumwirkung an Freyssinets berühmte, 1921 bis 1923 entstandene Luftschiffhalle von Orly. Dem Stahlbetonbau wird in der Großform wie in zahlreichen Details eine konsequente Prägung gegeben, die baukünstlerische Handschrift besticht: Inge-

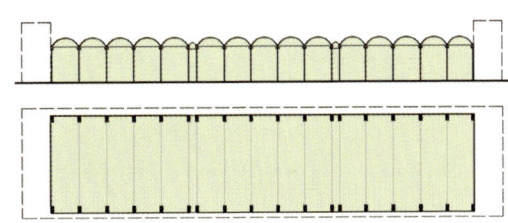

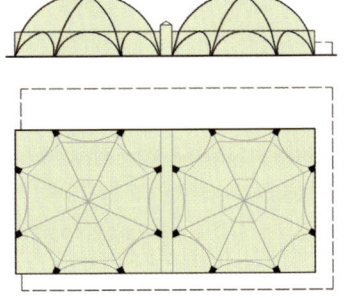

nieur und Architekt haben zu einer fruchtbaren Zusammenarbeit gefunden und Konstruktion und Kunst zu faszinierender Synthese verschmolzen. Eben dieser Wirkung konnte sich ein ungenannter Berichterstatter in *Wasmuths Monatsheften* nicht entziehen, der 1930 die drei Markthallen von Frankfurt a. M., Reims und Leipzig als unterschiedliche Konzepte zur Überdachung großer, stützenfreier Räume vorstellte und verglich: *„Namentlich innen besonders schön"* sei die Reimser Halle – die in Frankfurt hingegen *„wie ein*

mit Unterzügen gedeckter Saal". Das Leipziger Bauwerk schließlich wird in ästhetischer Hinsicht schon fast bedauert: *„Ebenso wie im Innern wirken auch im Äußern die Hallen von Reims und Frankfurt am Main sehr viel übersichtlicher und ruhiger. Wenn zahlenmäßig genaue Vergleiche den überzeugenden Anspruch rechtfertigen, daß die Leipziger Konstruktionsform billiger ist als die Frankfurter, muss Stadtbaurat Ritter, Leipzig, zu seinem Mute beglückwünscht werden, mit dem er die billigere Konstruktion gewählt hat, obgleich sie den ästhetischen Vorstellungen weniger entspricht."*[55]

△ Basilikale Grundrissbildung mit Längstonnen: Halles du Boulingrin in Reims, 1927–1929.

Rippentragwerk mit horiontaler Gliederung: Jahrhunderthalle Breslau, 1911–1913.
Gut erkennbar ist die Fuge zwischen Kuppel und Unterbau. ▷

Kuppeln und Gewölbe – Traditionslinien des konstruktiven Konzepts

In welcher *bautechnikgeschichtlichen* Tradition aber ist dieses Kuppeltragwerk von bis dahin ungeahnter Leichtigkeit und Weite zu verorten?

Jahrhunderthalle Breslau. Die erste und vielleicht interessanteste Traditionslinie führt nicht einmal zwei Jahrzehnte zurück. Mit einer grandiosen Inszenierung vor 6.000 Zuschauern war 1913 in Breslau die *Jahrhunderthalle* ein-

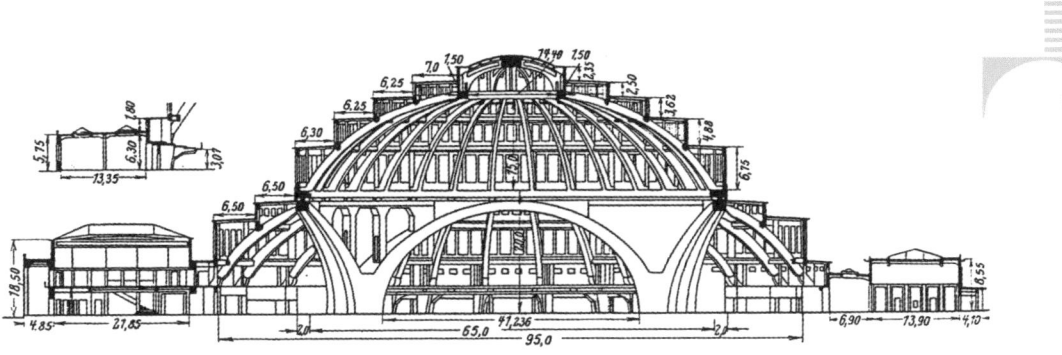

geweiht worden – ein Jahrhundert, nachdem Friedrich Wilhelm III. eben von Breslau aus den berühmten Aufruf „*An mein Volk*" ausgesandt hatte, der zur Mobilisierung Preußens für den Befreiungskampf gegen Napoleon und schließlich zum Sieg der Alliierten in der Völkerschlacht bei Leipzig führen sollte.

Die technischen Herausforderungen waren vergleichbar. Gefordert war ein großer Zentralbau – in Leipzig für eine Markt-, in Breslau für eine Festhalle und in beiden Fällen, ungeachtet unterschiedlicher Gründe, möglichst stützenfrei. Mit 65 m Spannweite war die Breslauer Halle der späteren Großmarkthalle nahezu ebenbürtig: Erstmals nach fast zwei Jahrtausenden war hier eine Massivkuppel weiter gespannt worden als das bis dahin alles überragende, im frühen zweiten Jahrhundert errichtete *Pantheon* in Rom. Beide Kuppeltragwerke wurden in Stahlbeton gedacht, geplant und gebaut, zudem von derselben Firma, der *Dyckerhoff & Widmann AG*

und speziell ihrer Dresdener Niederlassung. Selbst bei den verantwortlichen Ingenieuren gibt es eine unmittelbare Kontinuität: Willy Gehler, in Breslau noch Direktor der *Dywidag Dresden*, sollte in Leipzig dann als Gutachter beteiligt sein.[56]

Gleichwohl offenbart der Vergleich der konstruktiven Konzepte zwei Ansätze, die unterschiedlicher kaum sein können. Die Struktur der *Jahrhunderthalle* ist bestimmt durch die Auflösung des Tragwerks in eine Rippenstruktur und eine

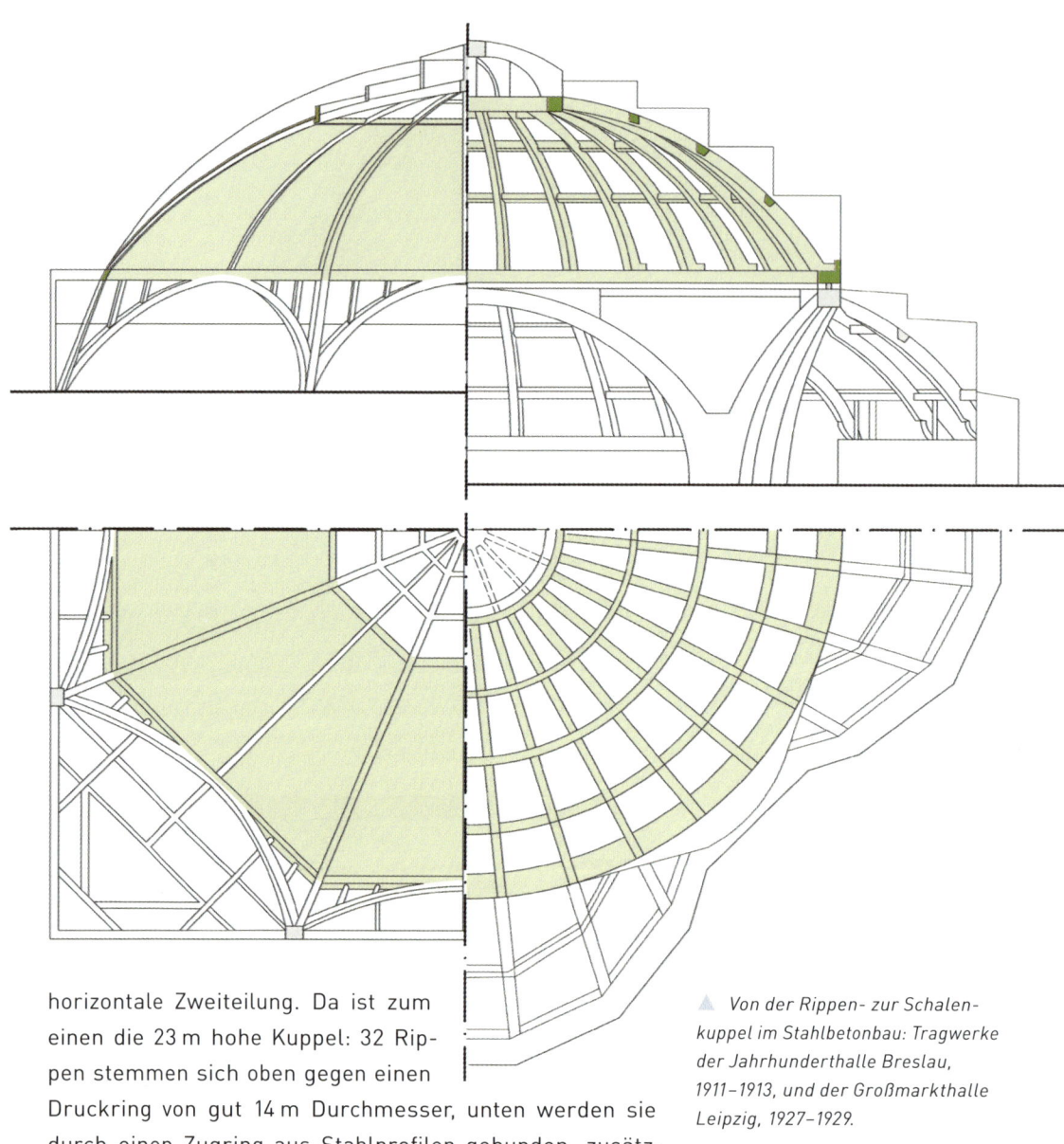

horizontale Zweiteilung. Da ist zum
einen die 23 m hohe Kuppel: 32 Rippen stemmen sich oben gegen einen
Druckring von gut 14 m Durchmesser, unten werden sie
durch einen Zugring aus Stahlprofilen gebunden, zusätzliche Zwischenringe aus Stahlbeton steifen die Rippen aus.
Und da ist zum anderen der 19 m hohe Unterbau, im Grundriss ein Kreis mit vier Apsiden, von der Kuppel konstruktiv
weitgehend getrennt. Sein Tragwerk wird dominiert durch
vier schwere, räumlich gekrümmte Bögen, die in der Projektion dem Grundkreis der Kuppel folgen und deren Eigen-
und Windlasten aufnehmen und ableiten. Den erheblichen
Abtriebskräften dieser Raumbinder begegnen je vier aus-
steifende Strebebögen, die zugleich das Haupttragwerk der
Apsiden bilden: Im Kern ein gotisches Lastabtragkonzept.

▲ *Von der Rippen- zur Schalen-*
kuppel im Stahlbetonbau: Tragwerke
der Jahrhunderthalle Breslau,
1911–1913, und der Großmarkthalle
Leipzig, 1927–1929.

Strukturelle Segmentierung durch
Einfügen von Gelenken: Jahrhun-
derthalle Breslau. Gut erkennbar
sind die mit Kalottenlagern gebil-
deten Gelenke zwischen Haupt- und
Strebebögen. ▶

Es ist der Abschied von dieser Rippenstruktur, der den ersten entscheidenden Schritt von Breslau nach Leipzig ausmacht. Gleich in mehrfacher Hinsicht aktiviert Dischinger für den Lastabtrag in der Großmarkthalle die Flächen zwischen den Rippen. Zum einen in der Kuppel selbst, in der die nur 9 cm dicken Schalen Hülle und Tragwerk zugleich werden und den acht Graten nur noch eine marginale Rolle bei nicht-rotationssymmetrischen Belastungen zugewiesen wird. Zum anderen im Unterbau, in dem nun die Deckenscheiben zugleich als Zuganker wirken und bewehrt werden.

Der zweite entscheidende Unterschied lässt sich mit dem Schlagwort „Strukturelle Einheit statt Segmentierung" kennzeichnen. Die Ingenieure in Breslau – Willy Gehler sowie Günther Trauer (1878–1956), der in der Bauverwaltung für die Statik verantwortlich zeichnete – hatten vor allem darauf abgezielt, die Realität der Konstruktion einem verlässlich berechenbaren Strukturmodell anzunähern: *„Es stand von vornherein fest, daß bei den ungewöhnlich kühnen Formen und Abmessungen des Bauwerkes das Traggebilde so klar, als es möglich war, ausgebildet werden mußte, und daß ungünstig wirkende statische Unbestimmtheiten durch Einfügen von Gelenken, Trennfugen und ähnliche Maßnahmen ausgeschaltet werden mussten. So wurde der Kuppelbau in zwei scharf getrennte Gebilde zerlegt [...]."*[57] Im Ergebnis war dieses Stahlbetontragwerk durch eine Menge Stahlgussteile segmentiert. Jede der 32 Kuppelrippen endet, radial verschieblich und gelenkig, auf einem Stelzenlager; jeder der 16 Strebebögen ist, im Sinne einer Pendelstütze, an beiden Enden mit Kalottenlagern versehen.

Anders die Halle in Leipzig. Sie ist als strukturelle Einheit konzipiert. Die Kuppelschalen sind hier mit den lastabtragenden Bögen ohne Fuge fest verbunden. Gleichwohl kommt es nur zu gut beherrschbaren Zwängungen; die geneigten Bögen wurden nämlich, wie Dischinger und Rüsch 1929 ausführten, *"genügend elastisch [ausgeführt], um die radialen Temperaturbewegungen der Zwickeldecke mitmachen zu können."*[58] Lediglich die acht Eckstützen erachtete man als zu steif für die Schalenränder; an den Kopfenden erhielten sie ein Gelenk, das allerdings nun in Beton ausgebildet wurde. Es ist diese geschickte Kombination steiferer und weicherer Tragglieder, die an der Großmarkthalle fasziniert und bereits den Weg weist zu einem Konzept, das heute als *Integrale Bauweise* von großer Aktualität ist.

So stehen sich mit den beiden Hallen zwei völlig gegensätzliche konstruktive Programme gegenüber. Ungeachtet ihrer Ausführung in Stahlbeton ist die Breslauer Lösung in Struktur und Detail noch ganz dem Konstruktionsdenken des Stahlbaus und damit des 19. Jahrhunderts verhaftet. In Leipzig hingegen entfaltet Dischinger virtuos eine neue, spezifische Konstruktionssprache des jungen Stahlbetonbaus, gestützt auf „Vokabeln", die in der Rahmenbauweise, in ebenen Flächentragwerken und in den Zeiss-Dywidag-Schalen bereits angelegt sind. Schon 1929 spricht Hermann Craemer (1894–1974) von der *„neue[n] Sprache des Stahlbetons"* und unterstreicht dabei die Potenziale des „Kontinuitätsprinzips": Um wirtschaftlich in Stahlbeton zu konstruieren, gelte es, den *„durch die Fugenlosigkeit entstehenden Spannungsausgleich auszunutzen und gegebenenfalls durch geeignete Anordnung bewusst herbei zu führen".*[59]

Die Leistungsfähigkeit der Leipziger Lösung wird unterstrichen durch einen Massenvergleich, der als Kenngröße für die konstruktive Qualität eines Ingenieurbauwerks gelten kann: Ungeachtet der größeren Spannweite und bedeckten Fläche wiegt jede einzelne der Leipziger Schalenkuppeln mit 2.160 t (bzw. 0,64 t/m²)[60] nur etwa ein Drittel der Breslauer Rippenkuppel (6.340 t bzw. 1,91 t/m²).[61]

Schwedlerkuppeln. Während die Breslauer Kuppel ungeachtet des gleichen Baustoffs konstruktionsgeschichtlich als Antipode zu den Leipziger Gegenstücken zu sehen ist, führt eine zweite Traditionslinie zwar weiter zurück in die Geschichte und auf einen anderen Baustoff, jedoch auf einen Tragwerkstyp, der deutlich als konzeptioneller Vorläufer zu werten ist – die Schwedlerkuppel.

Benannt nach ihrem Erfinder, dem seinerzeit bedeutendsten preußischen Bauingenieur Johann Wilhelm Schwedler (1823–1894), entstanden die ersten dieser neuartigen stählernen Tragwerke seit 1863 vornehmlich für Gasbehältergebäude und Rundlokschuppen. Sämtliche tragenden Teile waren – und das war neu – innerhalb der doppelt gekrümmten, schlanken Netzwerkschale angeordnet. Diese Lösung minimierte Materialeinsatz und Kosten.[62] Schon bald sollten die Schwedlerkuppeln außerordentliche Bedeutung für die Überdachung großer Zentralräume gewinnen und bis in die Mitte des 20. Jahrhunderts beibehalten. Interessant in unserem Zusammenhang ist vor allem die Einleitung der Publikation von 1866, in der Schwedler ein vereinfachtes Berechnungsverfahren für solche Netzwerkkuppeln vorstellte. Er leitet darin deren Berechnung aus der allgemeinen Membrantheorie

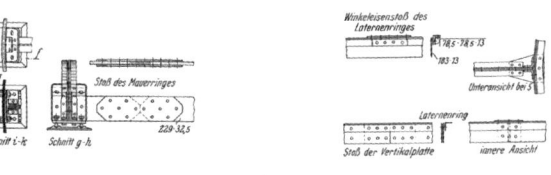

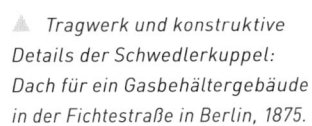

▲ *Tragwerk und konstruktive Details der Schwedlerkuppel: Dach für ein Gasbehältergebäude in der Fichtestraße in Berlin, 1875.*

rotationssymmetrischer Schalen ab: *„Bei der bisherigen Theorie der Kuppelgewölbe und Kuppelconstructionen wurde stets nur auf radiale Widerstände gerücksichtigt [...]. Man wird auf die richtige Anschauung für das Gleichgewicht*

der Kuppeln kommen, wenn man, anstatt von der Betrachtung eines elastischen Stabes auszugehen, die Betrachtung einer elastischen dünnen Platte doppelter Krümmung zu Grunde legt."[63]

Schwedlers Veröffentlichung macht deutlich: Er denkt das stählerne Raumfachwerk bereits als Schale und entdeckt damit – wie später Dischinger und andere im Stahlbetonbau – schon 1863 für den Stahlbau das „Zwischenreich" zwischen den Rippen als einen statisch aktivierbaren Strukturbereich. Verbunden damit erkennt er, dass in diesen Netzwerken zumindest für rotationssymmetrische Belastungen (etwa aus Eigenlasten und Schnee) die radialen Rippen von Biegeanteilen frei bleiben, da alle Querkraftanteile durch die umlaufenden Ringe kompensiert werden. Im Ergebnis lassen sich die nun nur durch Längskräfte beanspruchten Rippen extrem schlank konstruieren – ein Vorteil, den später Dischinger analog für die Vieleckkuppeln herausarbeiten und für die ebenfalls sehr sparsame Bemessung der Grate nutzen sollte.

Es ist die herausragende Leistungsfähigkeit eines aus räumlichem Denken entwickelten Konstruktionsprinzips, die dessen Siegeszug begründete, bei Schwedler ebenso wie bei Dischinger. Was Dischinger für den Stahlbetonbau der 1920er und 1930er Jahre, bedeutete Johann Wilhelm Schwedler für den Stahlbau mehr als ein halbes Jahrhundert zuvor.

Schwedlers 1866 publizierte Membrantheorie für rotationssymmetrische Schalen sollte im Übrigen bis in Dischingers Zeit Grundlage der Bemessung gerade auch der frühen Stahlbetonschalen bleiben. In der fünften Auflage seines Standardwerks *Der Eisenbetonbau. Seine Theorie und Anwendung* etwa konstatierte Emil Mörsch (1872–1950) noch 1926: *„Die Berechnung der Vollkuppeln aus Eisenbeton wird zweckmäßig nach dem schon von Schwedler angebotenen Verfahren durchgeführt [...]."*[64] Über August Föppl (1854–1924), der Schwedlers Vorgaben zu einer allgemeinen Theorie des Raumfachwerks weiter entwickelte, gibt es im Übrigen eine direkte Brücke zu Dischinger – galt Letzterem doch gerade Föppls Werk als Ausgangspunkt seiner schalentheoretischen Entwicklungen.[65]

◄ *Eine noch gut erhaltene Schwedlerkuppel unweit der Großmarkthalle: Gasometer Leipzig-Nord, 1904, Innendurchmesser etwa 55 m.*

Von der Rippen- zur Schalenkuppel im Stahlbau: 1861 hatte Schwedler für einen Gasbehälter der Imperial-Continental-Gas-Association in Berlin noch ein Dach mit „parabelbalkenartigen eisernen Hauptbindern" konstruiert (links). 1863 realisierte er für dieselbe Gesellschaft die erste Schwedlerkuppel mit einer etwa gleichen
▼ *Spannweite von gut 30 m (rechts).*

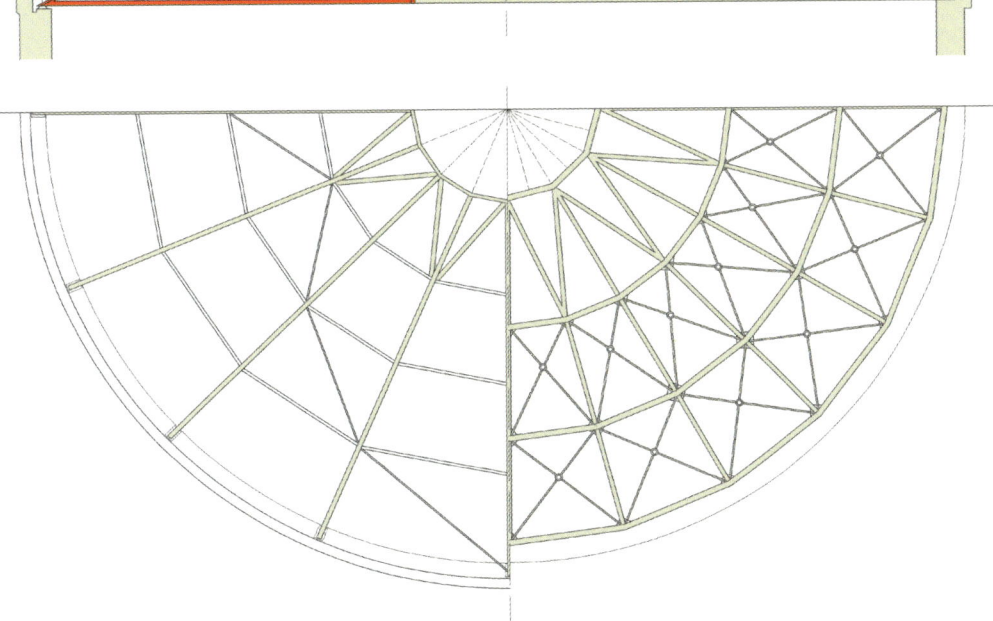

Santa Maria del Fiore – der Dom zu Florenz.
Eine dritte Traditionslinie schließlich reicht vom
Bau der Leipziger Halle recht genau ein halbes
Jahrtausend zurück. 1294 hatten die Florentiner
den Bau einer neuen, gewaltigen Domkirche be-
schlossen und unmittelbar darauf auch in Angriff
genommen; im 14. Jahrhundert jedoch kam der
Bau immer wieder zum Erliegen, sei es durch

*▲ Kuppel des Domes Santa Maria
del Fiore in Florenz, 1420–1436.*

den Bankrott der beiden wichtigsten finanzierenden Bank-
häuser im Jahre 1346, sei es durch die Pest, die wenig später in nur einem Jahr vier Fünftel der Einwohnerschaft hin-
wegraffte. Erst 1420 bis 1436 konnte die große Kuppel des
Doms *Santa Maria del Fiore* errichtet und vollendet werden.

*Rippenstruktur der Florentiner
Domkuppel in einer Darstellung von
Giovanni Battista Nelli, 1688. ▶*

Was macht diese Kuppel so bedeutsam? 1.300 Jahre
nach dem Bau des römischen *Pantheons* mit seiner lichten
Weite von gut 43 m hatte man sich in Florenz erstmalig wieder in dessen Größenordnung gewagt: Rund 42 m misst der
eingeschriebene Grundkreis der Kuppel im Durchmesser.
Vor allem aber ruht sie im Gegensatz zur Pantheonkuppel
nun auf einem 50 m hohen, recht heiklen Unterbau aus Pfei-
lern und Tambour und erreicht damit eine innere Raumhöhe
von 83 m; die Spitze der Laterne liegt gar bei 110 m. Diese
Kuppel war in ihrer Zeit, ganz so wie später dann ihre Leipziger „Schwestern", eine absolute Sensation.[66]

Auf den ersten Blick ähnelt die konstruktive Antwort
der alten Meister auf die schier unglaubliche bautechnische
Herausforderung durchaus der Leipziger Konzeption: Ein
Klostergewölbe über achteckigem Grundriss, durch Rippen
versteift, im Scheitel belichtet durch eine Laterne, der Unterbau eher weich.

Auf den zweiten Blick freilich offenbaren sich erhebliche Unterschiede, die den verschiedenen Funktionen (öko-
nomische, flache Überdeckung vs. hohe *Stadtkrone*) und
den unterschiedlichen Materialien (Stahlbeton vs. Ziegel
und Sandstein) geschuldet sind. Verglichen mit der filigra-

nen Leipziger Schale ist die Florentiner Kuppel unendlich
schwer – ungeachtet der Auflösung in zwei separierte Schalen, die von einem dichten Netz aus Eck- und Zwischenrip-
pen sowie horizontalen Aussteifungsbögen durchzogen sind.

Doch was sagt das schon? Im 15. Jahrhundert war sie eine Meisterleistung, für manch
einen ist das Werk des Filippo Brunelleschi (1377–1446) gar dem des Kolumbus
vergleichbar: Grandios überschritt er Grenzen, die zuvor noch niemand überschritten
hatte. Gerade in ihrer Verschiedenheit un-
terstreichen die Kuppeln von Leipzig und
Florenz im Übrigen die Bedeutung des Be-
griffs der Konstruktionssprache: Für ver-
gleichbare Anforderungen erwachsen in
anderen Zeiten aus anderen Baustoffen
doch ganz unterschiedliche Lösungen –
neue Konstruktionssprachen.

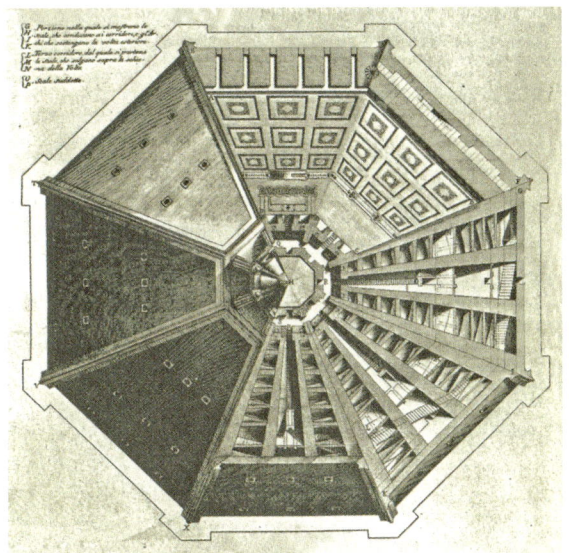

Es gibt aber noch einen dritten Blick,
der wiederum eine aufschlussreiche Ge-
meinsamkeit offenbart. Die Florentiner Kuppel ist ja nicht
nur als Produkt einzigartig, sondern auch wegen der Art,
in der sie errichtet wurde. Brunelleschi gelang der freie
Vorbau ohne tragendes Lehrgerüst. Ein Bestandteil des
dafür entwickelten Konzepts war der legendäre Fischgrätverband des Ziegelmauerwerks. Doch dies war nicht alles:
Neueren Forschungen zufolge hat Brunelleschi zudem
die im Grundriss ja nicht gekrümmten acht „Schalen" des
Vielecks konsequent so konstruiert, dass sich in diesem
Oktogon Druckringe ausbilden konnten: Während des Baus
bildeten sie Abschnitte, die sich selbst stabilisierten und
keiner Rüstung bedurften, am Ende trug das Klostergewölbe als eine in ihm verborgene rotationssymmetrische
(Rippen-) Kuppel. Wie konsequent Brunelleschi dies durch-
dacht haben muss, zeigt seine auf den ersten Blick be-

fremdliche Lösung für den Mauerwerksverband. Klassisch horizontale Steinlagen hätten unter den geometrischen Bedingungen des Oktogons nicht zu echten Druckringen geführt. Brunelleschis Steinlinien aber schwingen auf und ab wie Leinen, die an den Graten festgemacht sind. Im Grundriss ergeben sich echte Ringe, die sich selbst an den Graten ohne Brüche durchmauern lassen und die dortigen Unstetigkeiten in den Schalen entschärfen.

Was hat all dies mit den Leipziger Kuppeln zu tun? Offenbar hat Dischinger ganz ähnlich gedacht wie Brunelleschi! Dessen Ansatz, in ein Vieleck eine statisch günstigere Rotationskuppel einzuschreiben, bestimmt als Leitgedanke ein halbes Jahrtausend später Dischingers Dissertationsschrift, nun aber auf der Ebene der in der Renaissance noch ganz unbekannten statischen Berechnung.

Brunelleschi weiterdenken – Dischingers Dissertationsschrift. Dischingers Dissertation[67] lässt sich als ein Fortdenken der in den Zeiss-Dywidag-Rotationskuppeln und Tonnengewölben angelegten Schalenberechnung interpretieren – mit dem Ziel, letztere auch auf Vieleckschalen anwenden zu können. Er kommt zu drei wichtigen Erkenntnissen:

1. Die einzelne Seitenfläche des Klostergewölbes kann als ein aus der Rotationsschale separiertes Segment betrachtet werden, die Berechnung der Vieleckschale lässt sich auf die einfachere der Rotationsschale reduzieren.

2. Die Grate der Vieleckschale entsprechen den Versteifungsscheiben der Tonnenschalen, für rotationssymmetrische Lasten bleiben sie biegungsfrei.

3. Die Berechnung flacherer, elliptischer Schalen lässt sich über das Prinzip des „Massenausgleichs" aus den wohlbekannten Formeln für Zylinderschalen ableiten.

Besonders faszinierend ist diese Dissertation dadurch, dass sie gleichsam im Dialog mit der Leipziger Großmarkthalle entstand. In der Berechnung der Halle kamen die drei

▲ *Die Ziegelschichten der Florentiner Domkuppel schwingen wie Girlanden von Grat zu Grat und sind zur Mitte hin geneigt. Hierdurch haben alle Steinreihen einer Schicht stets den gleichen Abstand zur Spitze eines imaginären Kegels, der sich von oben in die Achteckkuppel schiebt: Eine verborgene Rotationskuppel!*

benannten Erkenntnisse unmittelbar zur Anwendung, andererseits gab die praktische Umsetzung Anlass zu einer abschließenden Überarbeitung der Dissertationsschrift: *theoria cum praxi*, das altbekannte Leibnizsche Paradigma, in höchster Perfektion. Dischinger hat explizit auf diesen innigen Zusammenhang hingewiesen – und schlägt dabei unbewusst eine Brücke auch zu Brunelleschi:

„Diese Arbeit wurde von dem Verfasser bei der Hochschule Dresden vorläufig als Dissertationsarbeit eingereicht und auch der Berechnung der Leipziger Großmarkthalle zugrunde gelegt. Während des Baus dieser Kuppeln gelang es dann dem Verfasser, die Theorie [...] für den allgemeinen Fall der Vieleckkuppel mit beliebiger Meridiankurve und beliebiger Eckenzahl zu erweitern. [...] Hierbei wird auch auf den innigen Zusammenhang zwischen Vieleckkuppel und der ihr eingeschriebenen Rotationsschale hingewiesen [...]. Die schwierige Berechnung der Vieleckkuppel ist damit auf die einfachere Berechnung der Rotationsschale zurückgeführt.“[68]

Da ist sie, die Rotationskuppel im Klostergewölbe, da ist er, der Brunelleschi! Selbst im endgültigen Titel der Dischingerschen Arbeit ist er präsent: War die erste, 1928 in Dresden als *„vorläufig“* eingereichte Fassung noch betitelt als *Die Membrantheorie der antisymmetrisch belasteten Rotationsschalen und Vieleckkuppeln*,[69] wählte Dischinger für die Schlussfassung dann die Überschrift: *„Die Theorie der Vieleckkuppeln und die Zusammenhänge mit den einbeschriebenen Rotationsschalen“*.

Ob Dischinger Leon Battista Albertis (1404–1472) *De re aedificatoria* gelesen hat? Vermutlich eher nicht, doch wenn, hätte er schon dort einen recht aufschlussreichen Hinweis finden können; vermutlich hatte ihn Brunelleschi dem ihm befreundeten Alberti seinerzeit selbst gegeben: *„Auch die vieleckige Kuppel wirst Du ohne Gerüste wölben können, wenn Du ihrer Dicke nach ein Halbkugelgewölbe ausführst.“*[70]

Die Großmarkthalle Leipzig – Rezeption und Bedeutung

Die weltweit weitestgespannten Massivkuppeln ihrer Zeit, dabei hauchdünn und beispiellos leicht: Mit der Großmarkthalle war Ende der 1920er Jahre in Leipzig ein Meilenstein der Bautechnikgeschichte entstanden. Schon seine „Väter" Franz Dischinger und Hubert Ritter hatten eben diese Bedeutung vielfach und explizit hervorgehoben. Gleich in ihrer ersten Publikation zur Großmarkthalle vom November 1927[71] widmeten sie der Verortung im Kontext der Geschichte des Kuppelbaus gleich mehrere Seiten. Selbstbewusst griffen sie für ihre Darstellung ein Schaubild auf, das die „Väter" der *Breslauer Jahrhunderthalle*, Willy Gehler und Günther Trauer, nur 15 Jahre zuvor publiziert hatten. Seinerzeit hatten jene „ihre" Rippenkuppel als Höhepunkt eines Entwicklungsganges weit gespannter Kuppeln interpretiert, der vom römischen *Pantheon* über die *Hagia Sophia* und den *Petersdom* bis eben nach Breslau reichte.

Der Vergleich mit diesen prominenten Bauten war keineswegs vermessen, hatte die Jahrhunderthalle doch tatsächlich erstmals die bereits viele Jahrhunderte zuvor gesetzten Marken der weitestgespannten Massivkuppeln der Welt durchbrochen. Genau diesen Rekord sollte ihr die Leipziger Großmarkthalle nun wieder abnehmen – und eben dies verkündeten Dischinger und Ritter aller Welt, bevor deren Schalenkuppeln überhaupt in Angriff genommen worden waren. Bar jeder Zurückhaltung fügten sie dem Schaubild von Gehler und Trauer als neuen Endpunkt nun einfach ihre Leipziger Kuppeln an und unterstrichen deren strukturelle Effizienz (und Überlegenheit!) noch durch einen ebenfalls weiterentwickelten diagrammatischen Vergleich.

Die Darstellungen versprachen viel – und doch konnten sich die Vieleckschalen als nachhaltiger neuer Konstruktionstypus nicht etablieren. Nur wenige Bauten griffen das Konzept in der Folge auf. Hubert Rüschs Kuppel der Baseler Markthalle ist hier zu nennen, der ebenfalls von

Publikation der Leipziger Großmarkthalle als neuer Triumph der historischen Entwicklung des Kuppelbaus durch Ritter/ Dischinger, 1927: Die Leipziger Halle ist in eine Darstellung eingefügt, in der 1914 noch die Breslauer Jahrhunderthalle als letzter Höhepunkt dargestellt wurde. ▶

Massenvergleich verschiedener Struktur-Konzepte im Kuppelbau nach Ritter/Dischinger, 1927: Mit der Schalenbauweise werden neue Dimensionen der strukturellen Effizienz erreicht. ▶

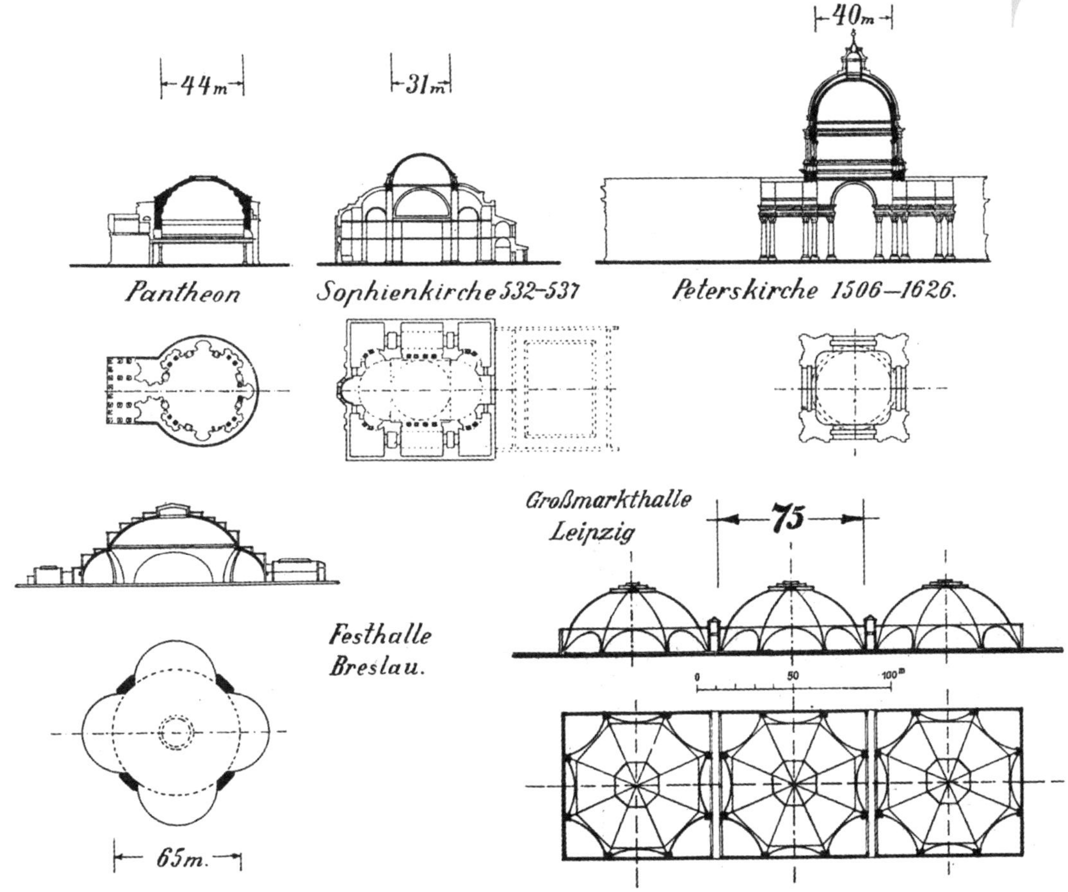

|←44m→| |←31m→| |←40m→|

Pantheon *Sophienkirche 532-537* *Peterskirche 1506-1626.*

Großmarkthalle
Leipzig |← **75** →|

Festhalle
Breslau.

0   50   100ᵐ

|← 65m. →|

der *Dywidag* konzipierte *Patio cubierto* der argentini-
schen *Escuela Naval Militar* oder auch Eduardo Torro-
jas Vierungskuppel der Kirche *San Andrés Apóstol* in
Villaverde bei Madrid von 1935.[72] Viel mehr nicht.

Auf einer Metaebene freilich war es dann doch gerade die Leipziger Großmarkthalle, die dem Schalenbau der Zukunft die Tore öffnete. Mit ihr hatte sich der
Stahlbetonbau endgültig vom Stahlbau „freigeschwom-
men", hatte seine originäre Konstruktionssprache
als ein durch die Fläche und nicht mehr durch
lineare Stäbe definiertes Raumtragwerk gefunden. In der auf wenige Zentimeter geschrumpften
Schalendicke war der Ballast der Eigenlast nahezu vollständig abgeworfen, jener Ballast, der bei traditionellen
Stabtragwerken aus Beton größeren Spannweiten noch

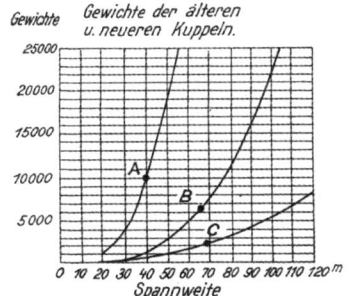

Gewichte *Gewichte der älteren*
u. neueren Kuppeln.

25000

20000

15000

10000 A

5000 B
  C

0 10 20 30 40 50 60 70 80 90 100 110 120ᵐ
Spannweite

Abb 2 Gewichtvergleichung einiger Kuppeln.

(Kurve I, ältere Kuppeln, Punkt A Gewicht der Peterskuppel
in Rom. Kurve II. Gewicht der neuen Massivkuppeln, Punkt B
Gewicht der Kuppel der Breslauer Jahrhunderthalle. Kurve III.
Gewicht der Zeiß-Dywidag-Kuppeln, Punkt C Gewicht der
Kuppel der Markthalle Leipzig.

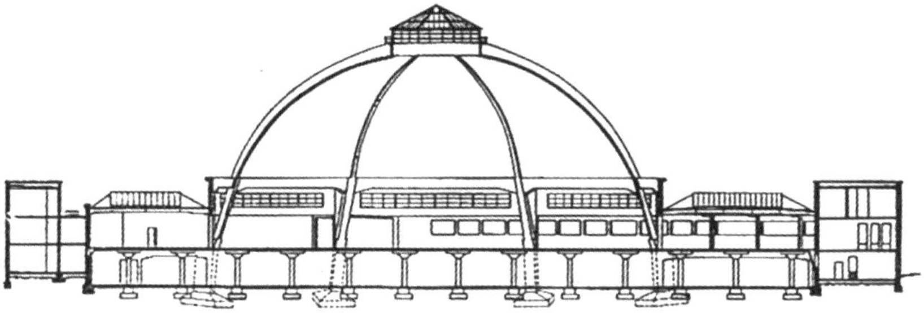

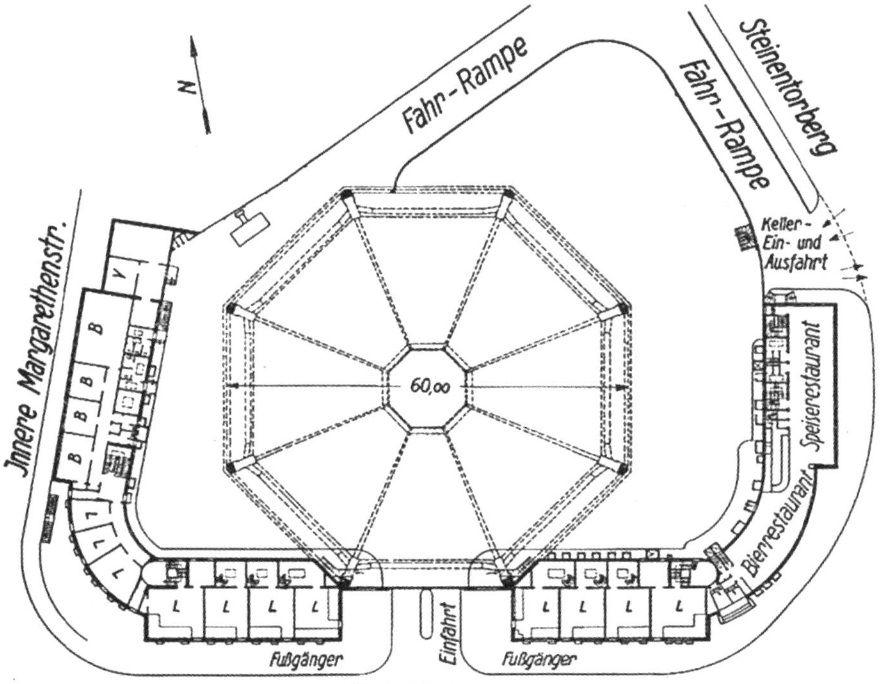

Fahr-Rampe

Steinentorberg

Fahr-Rampe

N

Innere Margarethenstr.

Keller-
Ein- und
Ausfahrt

60,00

Speiserestaurant

Bierrestaurant

Fußgänger

Einfahrt

Fußgänger

Viaduktstrasse

gleichsam natürliche Grenzen gesetzt hatte. Die Leipziger Halle machte glauben, dass den Ingenieuren nun nahezu alles möglich wäre. Wo sollten sie noch ihre Grenzen finden, wer sollte sie noch aufhalten? Die Macht des Faktischen autorisierte Visionen – nicht zuletzt jene Typologie möglicher Schalentragwerke, die Dischinger 1929/30, also unmittelbar nach Leipzig, in seinem siegreichen Wettbewerbsbeitrag für die preußische Akademie des Bauwesens aufzeigen sollte.[73] Als materialisierter Endpunkt eines langen Prozesses, der die Schalentheorie von den nur wenigen Experten vertrauten theoretischen Anfängen zur praxistauglichen Aufbereitung geführt hatte, unterstrich sie zugleich die Richtigkeit der von Dischinger entwickelten Näherungslösungen. Schon 1928 hatte er sie im *Handbuch für Eisenbetonbau* allgemein verständlich beschrieben[74] – die Großmarkthalle aber verhalf durch ihre weltweite Beachtung seiner Schalenbauweise endgültig zum Durchbruch.

◄ Nach dem Muster der Leipziger Halle wurde 1928–1929 auch in Basel eine Markthalle mit Schalenkuppel errichtet; etwas kleiner, und nur mit einer Kuppel, wurde sie ebenfalls von der Dywidag verantwortet.

Ein Folgebau in Südamerika: Vieleckschale mit 36 m Spannweite im Innenhof der Escuela Naval Militar Rio Santiago in Ensenada ▼ bei Buenos Aires, 1939–1940.

Im Detail mag es dieser konsequent auf Statik und Material hin optimierten Struktur an jener gestalterischen Finesse gemangelt haben, die sie nicht nur zu einem Wahrzeichen der Ingenieurbaukunst, sondern auch zu großer Architektur gemacht hätte. Es mag ihr etwas vom dritten „E" fehlen in jenem Dreiklang, den der Bauingenieur David P. Billington (*1927) in Variation

von Vitruvs antiker Trias *utilitas, firmitas und venustas* (Nützlichkeit, Festigkeit und Schönheit) im 20. Jahrhundert als grundlegenden Maßstab künstlerischen Ingenieurbaus formuliert hatte – den Dreiklang von *Economy, Efficiency und*

Elegance.[75] Gleichwohl darf auch der gestalterische Einfluss der Großmarkthalle nicht unterschätzt werden. So wertete sie 1993 etwa Winfried Nerdinger (*1944) als *„Höhepunkt aller Bestrebungen der Architekten des Neuen Bauens um eine leichte, unrepräsentative Architektur"*; allein schon deshalb gebühre *„ihr ein Ehrenplatz in der Architekturgeschichte der Moderne."*[76]

Schon während ihrer Entstehung hatte kein geringerer als der Bauhaus-Meister Ludwig Hilberseimer (1885–1967) sie als herausragendes Beispiel für die *„völlige Revolutionierung der Baukunst durch den Eisenbetonbau"* gewürdigt: Hier sei *„bei einem Minimum von Materialaufwand ein Maximum an Leistung, eine vollkommene Herrschaft über die technischen Mittel, erreicht, tote Masse zu lebendiger Energie geworden."* Die Leipziger Halle verkörpere *„die technischen Voraussetzungen einer kommenden Baukunst von noch ungeahnten Entwicklungsmöglichkeiten".*[77] Franz Dischinger selbst sollte 1929 einen ähnlichen Ausblick wagen: *„Die bisher in der Schalen-Bauweise hergestellten Großbauten [...] sind nur die Anfänge einer neuen Entwicklung des Massivbaus auf der Grundlage der Raumstatik."*[78] Nahezu sonnengleich lässt eine wenig später in der UdSSR veröffentlichte Struktur-Perspektive die Leipziger Kuppel „aufgehen": Wie kaum eine andere Darstellung veranschaulicht sie diesen unbedingten Glauben, dass hier erst das Tor zu einer noch weit strahlenderen Zukunft aufgetan worden sei.

Im Ergebnis war die Großmarkthalle Leipzig schlicht ein Triumph – für Dischinger, der kühn seine Theorie in ge-

▲ *Ausgehend von der gelungenen Leipziger Lösung entwickelte Dischinger in der Folge zahlreiche Studien zu alternativen Schalentragwerken: Originalskizze Dischingers zu einer Halle mit flachen Translationsschalen in den Dimensionen der Leipziger Großmarkthalle, 1929.*

Die Leipziger Halle als Triumph des Schalenbaus in einer sowjetischen Strukturperspektive von 1936. ▶

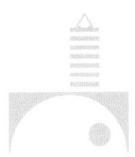

baute Wirklichkeit von beispielloser Dimension umzusetzen wagte, ein Triumph aber auch für die *Dyckerhoff & Widmann AG*, für den Stahlbetonbau und nicht zuletzt, vielleicht gar vor allem, für die Baustatik und ein zur Ingenieur-Wissenschaft avanciertes Bauingenieurwesen, das sich gerade in der Konvergenz und Rückkopplung von umfassender theoretischer Fundierung mit immer neuer prototypischer, praktischer Erprobung definierte.

1934 veröffentlichte Wilhelm Flügge (1904–1990) die erste Auflage seiner konsequent den neuen Raumtragwerken gewidmete Monographie *Statik und Dynamik der Schalen,* die weltweit für viele Jahrzehnte *das* Standardwerk zur Schalentheorie bleiben sollte. Im Vorwort führt Flügge aus, die Technik sei im *„Laufe der letzten Jahrzehnte [...] nacheinander auf verschiedenen Gebieten vor Fragen gestellt worden",* deren *„glückliche Lösung [...] gelegentlich zu einem epochemachenden Fortschritt in der konstruktiven Gestaltung geführt"* habe. *„[B]esonders in die Augen springende Beispiele"* seien hierunter *„der Behälterbau, die Formgebung der unstarren Luftschiffe, [...] und neuerdings die eben erst aktuell gewordenen Fragen des Flugzeugbaus",* aber eben auch *„die weittragenden Dachkonstruktionen aus Eisenbeton".*[79]

Für diesen *„epochemachenden Fortschritt"* kommt der Leipziger Großmarkthalle paradigmatische Bedeutung zu. Deshalb ist sie ein wahrhaft herausragendes *Historisches Wahrzeichen der Ingenieurbaukunst in Deutschland.*

Anhang

Technische Daten

Standort

An den Tierkliniken 38–40 (früher Öster-
reicherstraße, Zwickauer Straße),
04103 Leipzig

Bauherr

Stadt Leipzig

Entwurf

Franz Dischinger (Oberingenieur der
Dyckerhoff & Widmann AG, Biebrich),
Hubert Ritter (Architekt und Leipziger
Stadtbaurat

Mitarbeit

Ludwig Theodor Dix (Gesundheits-
dezernent von Leipzig),
Richard Doorentz (Baurat in der stati-
schen Abteilung des Hochbauamts
Leipzig),
Emil Müller (Direktor der Leipziger
Markthallen),
Willy Seidler (Architekt in der Entwurfs-
abteilung des Hochbauamts Leipzig)

Statische Berechnungen

Hubert Rüsch (Konstruktionsingenieur
der *Dyckerhoff & Widmann AG*, Biebrich)

Gutachter und Prüfingenieur

Willy Gehler (Professor für Statik der
Baukonstruktionen, Eisenbrückenbau
und Festigkeitslehre an der Technischen
Hochschule Dresden)

Weitere Beteiligte an der Ausführung

Buschmann (Dipl.-Ing., *Dyckerhoff &
Widmann AG*, Zweigniederlassung
Leipzig),
Georg Fest (Stadtbaudirektor in der
Bauabteilung des Hochbauamts Leipzig),
Hans Maske (Baumeister, örtliche Bau-
leitung),
Eugen Schulz (Technischer Direktor
der *Dyckerhoff & Widmann AG*,
Niederlassung Dresden),
Vogler (*Dyckerhoff & Widmann AG*,
Zweigniederlassung Leipzig)

Bauunternehmen

Dyckerhoff & Widmann AG, Zweigniederlassung Leipzig;
Bauunternehmung Rudolf Wolle, Leipzig
(teilweiser Entwurf und Ausführung
der Keller)

Chronologie

1889–1891

Errichtung einer Zentralmarkthalle
am Roßplatz nach einem Entwurf von
Stadtbaudirektor Hugo Licht unter
Mitwirkung des Bauingenieurs August
Föppl für die Eisenkonstruktion.

1914

Das stark angestiegene Handelsaufkommen und der fehlende Gleisanschluss
der Zentralmarkthalle veranlassen
Stadtbaurat Otto Wilhelm Scharenberg
zur Erstellung eines ersten, an Richard
Schachners Münchener Großmarkthalle
orientierten Projekts einer Großmarkthalle neben den Gleisanlagen des
Bayerischen Bahnhofs am Dösner Weg.

1916

Scharenbergs Nachfolger, Carl James Bühring, erstellt eine modifizierte Variante des Entwurfs. Kriegsbedingt bleibt auch dieses Projekt unausgeführt.

1921–1922

Carl James Bühring überarbeitet nochmals seine eigenen Vorkriegsplanungen.

1922–1923

Aus Kostengründen wird unter Verwendung zweier ehemaliger Stahl-Hallen des Flugplatzes Görries bei Schwerin zunächst nur eine provisorische Anlage kleinerer Dimensionen errichtet.

Januar 1925

Direkt nach seiner Amtsübernahme überarbeitet der neue Stadtbaurat Hubert Ritter die bisherigen Planungen der Großmarkthalle. Sie wird als Erweiterungsbau der Großmarkthalle bezeichnet, obwohl ihre Größe die der provisorischen Halle weit übertrifft.

Juli 1925

Die Stadtverordnetenversammlung bewilligt 8.166.000 Reichsmark für einen Erweiterungsbau in Basilikaform gemäß dem Vorbild der Münchener Großmarkthalle, wobei Ritter sich explizit noch die Möglichkeit eines Konzeptionswechsels offen hält. Da eine hierfür vorgesehene Anleihe nicht zustande kommt, wird von der Planung nichts umgesetzt.

Mai 1926

Auf Kosten der Reichsbahn wird mit umfangreichen Erweiterungsarbeiten an den Gleisanlagen begonnen.

Frühjahr 1927

Ritter entwickelt bei unverändertem Grundriss verschiedene Alternativentwürfe zur Überdachung der Halle und kommt damit einem Wunsch des Gesundheitsdezernenten Dix nach einer Verringerung der Stützenzahl nach. In diesem Zusammenhang werden erstmals Schalenkuppeln über einem achteckigen Grundriss für das Leipziger Bauwerk erwogen.

April 1927

Der Rat der Stadt Leipzig stellt 4.000.000 Reichsmark für den Erweiterungsbau der Halle bereit. Parallel informieren sich die Planer des Hochbauamts auf der Baustelle der Großmarkthalle in Frankfurt am Main über die Möglichkeiten der neuartigen Zeiss-Dywidag-Schalenbauweise.

Mai 1927

In Abstimmung mit dem Oberingenieur der Baufirma *Dyckerhoff & Widmann AG*, Franz Dischinger, erstellt das Leipziger Hochbauamt einen Entwurf mit drei hintereinander geschalteten achteckigen Schalenkuppeln, der Ende des Monats ausgeschrieben wird. Parallel dazu beginnen bereits Ausschachtungsarbeiten für den Keller des ersten Bauabschnitts.

Juni 1927

Die *Dyckerhoff & Widmann AG* reicht zwei Angebote für die im ersten Bauabschnitt vorgesehene Errichtung von zwei Kuppeln ein; für den Bau einer einzelnen Kuppel werden 579.813 Reichsmark, für die aufeinanderfolgende Erstellung beider Kuppeln 1.061.528,50 Reichsmark veranschlagt. Parallel konkretisiert Architekt Willy Seidler im Hochbauamt funktionale und gestalterische Aspekte der Planung. Eine zunächst noch erwogene Variante mit Tonnenschalen nach Art der Frankfurter Großmarkthalle wird unterdessen fallengelassen.

Juli 1927

Beschluss der Stadtverordnetenversammlung zur Errichtung der Großmarkthalle gemäß der von Ritter gemeinsam mit der *Dywidag* ausgearbeiteten Konzeption einer Kuppelhalle.

August 1927

Auftragsvergabe zur Erstellung der ersten Kuppel an die Zweigniederlassung Leipzig der *Dywidag* und öffentliche Ausschreibung zur Erstellung der zugehörigen Gründung und der Kelleranlagen. Als externer Gutachter und Berater wird der Dresdener Professor Willy Gehler verpflichtet.

September 1927

Übertragung der Ausführung der Kelleranlagen durch Beschluss des Rates an die Firmen *Rudolf Wolle* und *Dyckerhoff & Widmann AG.* Obwohl die Pilzdecken nach dem Entwurf der Firma *Wolle* ausgeführt werden sollen, erhält die *Dywidag* aufgrund ihrer Verantwortlichkeit für die Kuppel die alleinige Zuständigkeit für die Errichtung des Zugrings in der Kellerdecke und der Kellerstützen unter der Kuppel sowie deren Gründung.

Oktober 1927

Infolge von Probebohrungen äußert der seitens der *Dywidag* für die Statik verantwortliche Hubert Rüsch gegenüber Richard Doorentz von der statischen Abteilung des Hochbauamts mehrfach Zweifel an der Stabilität der bislang vorgesehenen Gründung. Dessen ungeachtet genehmigt das Leipziger Baupolizeiamt das Baugesuch für den ersten Bauabschnitt.

November 1927

Übergabe der Ende Oktober durch Rüsch fertiggestellten statischen Berechnung der Schale zur Prüfung an Willy Gehler. Veröffentlichung des ersten Aufsatzes zur neuen Planung in der Beilage *Konstruktion und Ausführung* der *Deutschen Bauzeitung* durch Ritter und Dischinger.

Dezember 1927

Probebelastung von Gründungspfählen durch die *Dywidag* im Beisein

Gehlers. Die hierbei gewonnenen
Erkenntnisse führen zum Vorschlag,
die Hauptfundamente zu vergrößern
und auf zusätzliche Pfähle zu stellen.

Januar 1928

Eine von der *Dywidag* beantragte Änderung des ursprünglich achteckig geplanten Zugrings in der Kellerdecke in
einen Trajektorienring erhält die Zustimmung Gehlers. Seinem Vorschlag zu
einer zusätzlichen achteckigen Außen-
sicherung in der früher vorgesehenen
Lage wird in einer gemeinsamen Sitzung
von Ritter, Doorentz, Dischinger,
Rüsch und Eugen Schulz, dem Leiter
der Dresdener *Dywidag*-Filiale, zuge-
stimmt. Des Weiteren wird festgelegt,
die beiden Kuppeln nicht gleichzeitig,
sondern nacheinander zu errichten.

März 1928

Beschluss des Rates der Stadt Leipzig
zur Übertragung des Baus der zweiten
Kuppel zum Preis von 481.715,50 Reichsmark an die *Dyckerhoff & Widmann AG*.

Mai 1928

Bewilligung der Mittel für den Weiter-
bau sowie die aus den Änderungen
der Planung des Unterbaus resultierenden Kostensteigerungen durch die
Stadtverordnetenversammlung.
Anregung zur Vergrößerung der Oberlichter von 24 auf 28 m Durchmesser
durch Gehler und seinen Dresdener
Professorenkollegen Richard Müller.

Mai 1928

Beginn der Errichtung des Lehrgerüsts
für die Südkuppel.

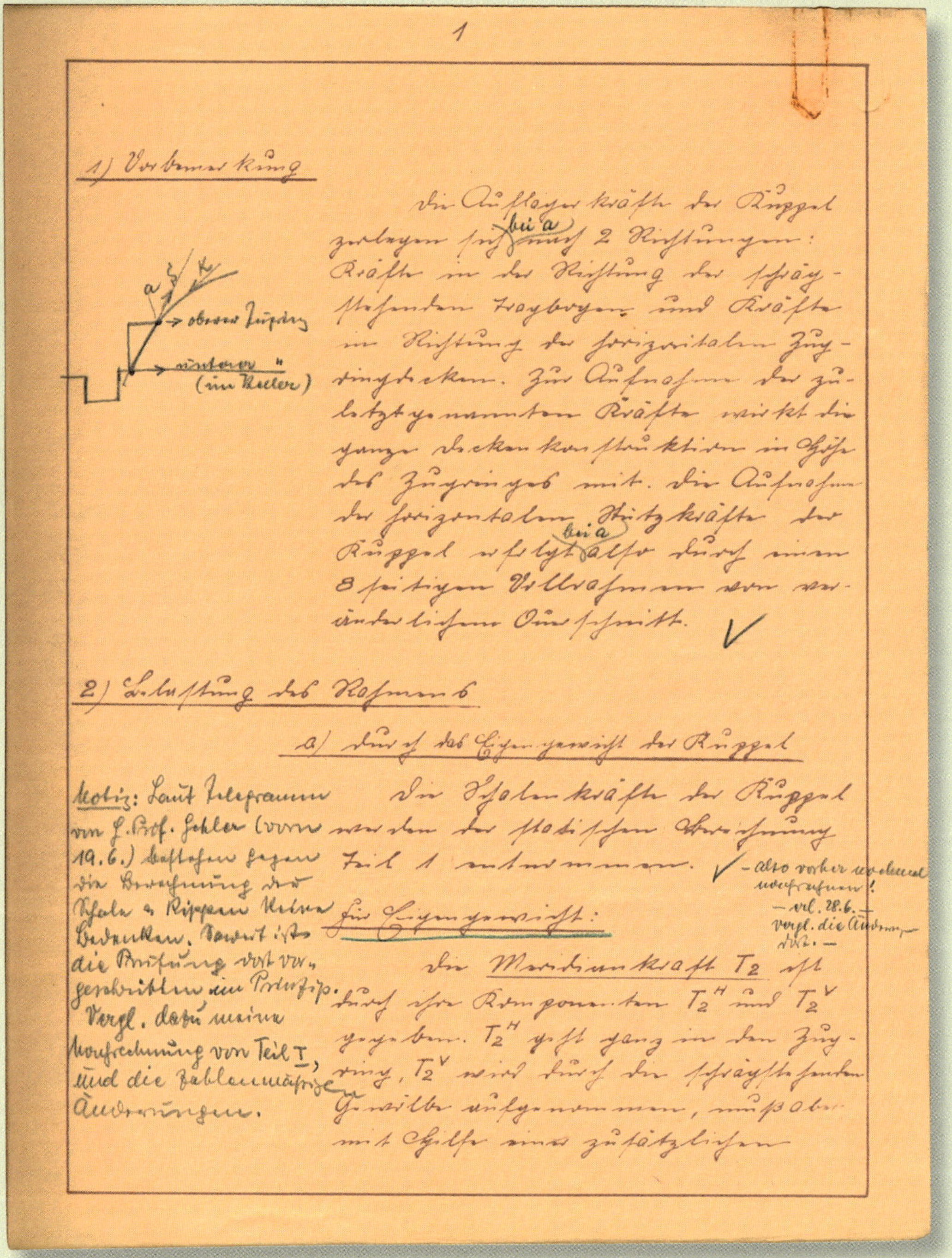

1) Vorbemerkung

[Die Auflagerkräfte der Rüggel zerlegen sich nach 2 Richtungen: Kräfte in der Richtung der schrägstehenden Freyboger und Kräfte in Richtung der horizontalen Zugringdecken. Zur Aufnahme der zuletzt genannten Kräfte wirkt die ganze Deckenkonstruktion in Höhe des Zugringes mit. Die Aufnahme der horizontalen Stützkräfte der Rüggel erfolgt also durch einen 3-seitigen Vollrahmen von veränderlichem Querschnitt.]

2) Belastung des Rahmens b

a) durch das Eigengewicht der Rüggel

Notiz: Laut Telegramm von H. Prof. Gehler (vom 19.6.) bestehen gegen die Berechnung der [...] & Rippen keine Bedenken, soweit ist die Prüfung vorher geschrieben im Prinzip. Vergl. dazu meine Nachrechnung von Teil I, und die zahlenmäßige Änderungen.

[Die Schalenkräfte der Rüggel werden der statischen Berechnung Teil 1 entnommen.]

✓ — also vorher nachrechnen wünschen! — vgl. 28.6. — vergl. die Änderungen dazu. —

[für Eigengewicht:]

[Die Membrankraft T_2 ist durch ihre Komponenten T_2^H und T_2^V gegeben. T_2^H geht ganz in den Zugring, T_2^V wird durch die schrägstehenden [...] aufgenommen, muß aber mit Hilfe eines zusätzlichen]

▲ Auszug aus der statischen Berechnung des Kuppelzugrings von Hubert Rüsch mit einer Notiz zu Anmerkungen des Prüfingenieurs Prof. Willy Gehler.

August 1928

Abschluss der letzten statischen Berechnungen durch Hubert Rüsch.

September 1928

Betonierung der Südkuppel und Beginn der Arbeiten am Nordtrakt.

Oktober 1928

Absenkung des Lehrgerüsts der Südkuppel.

November 1928

Beginn des Aufbaus des Lehrgerüsts für die Nordkuppel.

Dezember 1928

Wegen des einsetzenden Frosts werden kurz vor Weihnachten alle Arbeiten eingestellt. Zu diesem Zeitpunkt ist der Nordtrakt bis auf Höhe der Zwickeldecken betoniert.

April 1929

Fertigstellung der Außenhaut der Südkuppel mit einer Verkleidung aus Eternitschieferplatten.

Mai 1929

Betonierung der Nordkuppel.

Juni 1929

Absenkung des Lehrgerüsts der Nordkuppel.

August 1929

Freigabe des Südtrakts zur Durchfahrt.

September 1929

Fertigstellung der Zufahrtsstraßen zur Kellerebene.

Oktober 1929

Abschluss der Arbeiten am Südtrakt und Umzug der Großhändler aus der Flugzeughalle in den Neubau.

Januar 1930

Provisorische Inbetriebnahme des Nordtrakts.

April 1930

Baubeginn an einer Hofunterkellerung mit 17 Parkplätzen.

6. November 1930

Offizielle Einweihung der Gesamtanlage. Die dritte Kuppel sowie das Hochhaus kommen nicht mehr zur Ausführung.

Dezember 1930

Vor seiner angestrebten Wiederwahl als Stadtbaurat wird Ritter von der NSDAP auf Plakaten unter anderem für *„die überspannte Idee der restlos unpraktischen Riesenkuppeln der Großmarkthalle"* angegriffen.
Am 17. Dezember verfehlt er die nötige Mehrheit und scheidet nach nur einer Wahlperiode aus dem Amt.

4. Dezember 1943

Ein Bombenangriff und der anschließende Brand verursachen schwerste Schäden. Unter anderem werden die Dachhaut der Kuppeln, die Hälfte der Büroanbauten und die Westhalle (ehemalige Flugzeughalle) weitgehend zerstört. Provisorische Reparaturen sichern die Nordkuppel, bei der zwei Stützen in Mitleidenschaft gezogen wurden.

1945–1946

Provisorische Reparatur der Dachhaut der Nordkuppel.

1951–1956

Reparaturen an der Dachhaut der Südkuppel und der Kellerdecke.

1966

Abbruch der zerstörten Westhalle.

1970–1974

Errichtung eines neuen Leichtkühlhauses am Ort der ehemaligen Westhalle und Wiederaufbau der zerstörten Bürotrakte auf der Ostseite.

1977

Die Großmarkthalle wird als *Denkmal der Produktions- und Verkehrsgeschichte* in die Bezirksdenkmalliste eingetragen.

1982

Erstellung eines Instandsetzungskonzepts.

1986

Beginn der Verstärkung der Kellerdecke durch Aufbeton und Torkretierung der Unterseite.

1988–1992

Instandsetzung der Südkuppel. Die ursprüngliche Eindeckung der Schalenflächen mit hellen Eternitschieferplatten und der Rippen in Kupfer wird durch eine Aluminiumdachhaut ersetzt.

1992–1995

Sanierung der Nordkuppel. Um ein einheitliches Gesamtbild zu erzielen, erfolgt mit Zustimmung der Denkmalschutzbehörde die Erneuerung der Dacheindeckung ebenfalls mit Aluminiumblech.

30. Oktober 1995

Schließung der Großmarkthalle Leipzig. Mit der Eröffnung der neuen *Großmarkt Leipzig GmbH* in Leipzig-Radefeld verliert das unterdessen der staatlichen *TLG IMMOBILIEN GmbH* gehörende Gebäude seine Bedeutung und steht in den folgenden Jahren leer.

1999–2010

Die Südhalle wird im Winter als *Eisdom* mit ca. 2.200 m² Eislauffläche genutzt – nach Angaben des Betreibers damals Deutschlands größte eingehauste Eisfläche. Danach wurde die nunmehr abgetrennte Südhalle vermietet.

2000–2001

Veranstaltungen der *Cirkus Roncalli GmbH* in der Nordhalle.

2003–2004

Einbau der raumhohen Trockenbauwand zwischen Nord- und Südhalle.

seit 2004

Die Nordhalle wird unter dem Namen *Kohlrabizirkus Leipzig* als multifunktionaler Veranstaltungsort genutzt.

2011

Nach dem gescheiterten Versuch einer Versteigerung veräußert die *TLG Immobilien GmbH* das Bauwerk an die Mainzer *Firmengruppe Richter*.

Historisches
WAHRZEICHEN
DER INGENIEURBAUKUNST
in Deutschland

Ausgezeichnet von der Bundesingenieurkammer 2013

17. Oktober 2013

Auszeichnung durch die Bundesingenieurkammer als vierzehntes *Historisches Wahrzeichen der Ingenieurbaukunst in Deutschland*.

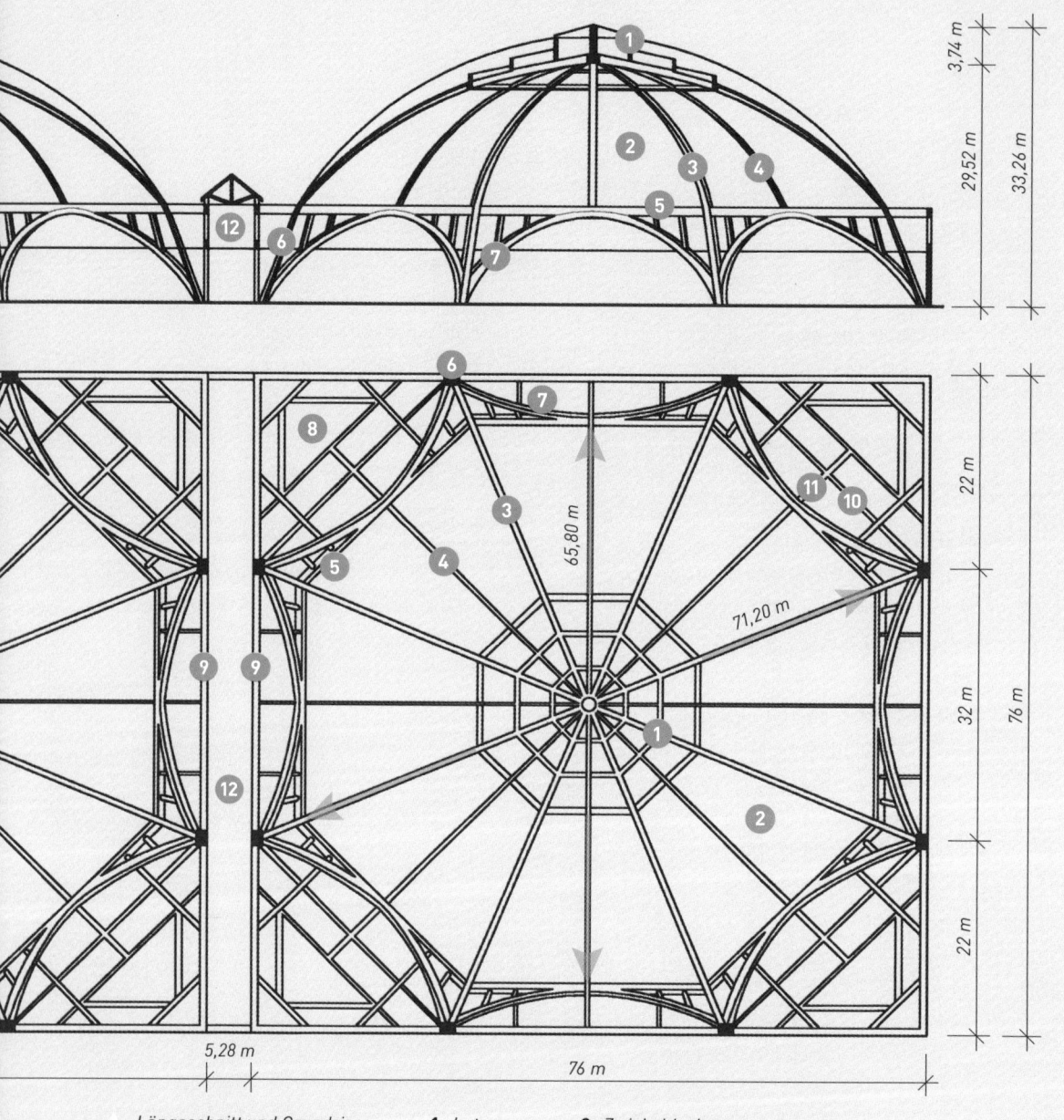

3,74 m
29,52 m
33,26 m

22 m
32 m
76 m
22 m

65,80 m

71,20 m

5,28 m

76 m

▲ Längsschnitt und Grundriss
mit den wichtigsten Tragelementen
und Abmessungen.

1 Laterne
2 Schale
3 Grat
4 Rippe
5 Zugring
6 Eckstütze
7 Tragbogen

8 Zwickeldecke
9 Abfangträger
10 Hauptunterzug
11 Nebenunterzug
12 Zwischenbau

Glossar

Apsis *(pl. Apsiden)*

Nischenartige Erweiterung eines Hauptraums, üblicherweise über einem halbkreisförmigen oder polygonalen Grundriss.

Beulsicherheit

Sicherheit gegen Ausweichen einer meist dünnen Schale rechtwinklig zu ihrer Mittelfläche durch Druckbeanspruchung.

Bewehrung

Stahleinlagen im Beton zur Aufnahme von Zugkräften, die durch Einwirkungen wie z. B. Lasten, Temperaturänderungen u. s. w. entstehen.

Biegedrillknicken *(auch Kippen)*

Ausweichen eines Trägers rechtwinklig zu seiner Längsachse auf Grund einer Druckbeanspruchung infolge der Wirkung von Biegemomenten.

Druckring

Hier: oberer verstärkter Schalenrand zur Aufnahme der im oberen Kuppelbereich wirkenden und in Meridianrichtung veränderlichen Ringdruckkräfte infolge von Einwirkungen wie z. B. Kuppeleigenlast, Eigenlast der Laterne, Schnee u. s. w.

Eisenbeton

Frühere Bezeichnung von Stahlbeton.

Elastizitätstheorie

Theorie zur Berechnung und Bemessung von Tragwerken und Bauteilen unter der Voraussetzung elastischen Materialverhaltens, d. h., die Elastizitätstheorie setzt eine lineare Beziehung zwischen den Schnittgrößen und den Verformungen der Tragwerke bzw. der Bauteile voraus.

Faltwerk

Aus Scheiben bzw. Platten zusammengesetztes Tragwerk, dessen Tragwerksteile in ihrer Ebene (Scheibenbeanspruchung) bzw. rechtwinklig dazu (Plattenbeanspruchung) beansprucht und die Verformungen durch die Faltung behindert werden.

FEM *(Finite Element Methode)*

Näherungsmethode, mit deren Hilfe sich durch das Zerlegen einer Tragwerksform in endliche Elemente und der Verwendung von Näherungsansätzen für den Verlauf von Verschiebungsgrößen längs der finiten Elemente komplexe Tragwerksformen berechnen lassen.

Fischgrätverband *(auch opus spicatum)*

Mauerwerk, dessen Steinlagen im Wechsel schräg gegeneinander versetzt sind.

Flächentragwerk

Bezeichnung für Platten, Scheiben und Schalen.

Grat

Schnittkante von Dach- und Gewölbeflächen.

Kämpfer

Widerlager, d. h. unterer Ansatz von Bögen und Gewölben.

Karbonatisierungstiefe

Tiefe, bis zu welcher das Kalziumhydroxid des Betons unter Einwirkung der Kohlensäure der Luft karbonatisiert ist, so dass der für den Korrosionsschutz des Bewehrungsstahles notwendige pH-Wert unter den Wert 9 gesunken ist.

Laterne

Durchbrochener Aufsatz auf Kuppeln zur natürlichen Belichtung der Innenräume.

Lehrgerüst

Aus Holz oder Stahl dient es wie die Schalung der Herstellung und Formgebung von Tragwerken.

Membranspannungszustand

Gleichgewichtszustand in einem sehr dünnen, hautähnlichen Tragwerk, z. B. Schale, mit vernachlässigbarer Biegesteifigkeit, bei dem ausschließlich Normalspannungen aus Zug- und Druckkräften mit den äußeren Lasten im Gleichgewicht stehen.

Pfette

Auf Graten und Rippen (Hauptträger) aufliegender Nebenträger, auf dem wiederum die Schalung aufliegt.

Pilzdecke

Punktförmig gestützte Stahlbetondecke, die unmittelbar auf Stützen mit verstärktem Stützenkopf aufgelagert ist.

Plattenbalken

Bauteil aus Balken und Platte, die schubfest miteinander verbunden sind.

Rippe

Hier: streifenförmige Verstärkung der Tonnenschalen zur Gewährleistung einer ausreichenden ↑Beulsicherheit.

Rotationsschale

Schale, deren Mittelfläche durch Rotation einer ebenen Meridiankurve als Erzeugende, z. B. Kreis, Parabel, Ellipse u. s. w., um eine in ihrer Ebene liegende Achse entsteht.

Stahlbetongelenk

Besonders bewerte Einschnürung eines Bauteilquerschnitts, z. B. des Querschnitts einer Stahlbetonstütze, sodass Verdrehungen in einer Richtung ohne große Biegebeanspruchung möglich sind.

Ständergerüst

Gerüst, das die Lasten im Wesentlichen durch lotrecht stehende, ausgesteifte Pfosten ableitet.

Stich *(auch Bogenstich, Stichhöhe oder Pfeilhöhe)*

Lotrechter Abstand des Bogen- oder Gewölbescheitels von der Verbindungslinie zwischen den beiden ↑Kämpfern.

Strebengerüst

Gerüst, bei dem die Lasten mittels geneigter Streben auf wenige Unterstützungspunkte abgetragen werden.

Stützlinie

Verbindungslinie der Durchstoßpunkte der zu einer Resultierenden zusammengefassten Druckspannungen eines jeden Querschnitts eines Bogens. Ist ein Bogen für eine gegebene Belastung nach der Stützlinie geformt, treten unter dieser Belastung keinerlei Zugspannungen auf.

Tambour *(frz. Trommel)*

Bauelement von trommelartigem Charakter zur Erhöhung von Kuppelbauten, das wandartig über einem meist kreisförmigen, oft auch vieleckigen Grundriss die Lasten aus der sich über ihm erhebenden Kuppel aufnimmt und in den Unterbau weiterleitet; oft mit Öffnungen für die Belichtung des Innenraumes durchbrochen und häufig architektonisch besonders gestaltet.

Tonnengewölbe

Bogentragwerk mit größerer Ausdehnung rechtwinklig zur Bogenstützweite und Mittelfläche in Kreis-, Parabel-, Ellipsen-, Stützlinien- oder Spitzbogenform.

Tonnenschale

Einfaches Tonnengewölbe mit einer im Verhältnis zur Stützweite sehr geringen Schalendicke. Durch Anordnung aussteifender Binderscheiben oder durch das Verschneiden mehrerer Tonnenschalen über einem Vieleckgrundriss entstehen räumliche Tragsysteme.

Torkretieren

Aufbringen von Beton unter hohem Druck im Betonspritzverfahren.

Trägerrost

Scharen von sich kreuzenden Trägern, die in den Kreuzungspunkten biegesteif miteinander verbunden sind und auf Biegung beansprucht werden. Die Trägerachsen können gerade oder gekrümmt sein, sodass im letzteren Fall ein räumliches Tragwerk (Bogenkreuzwerk) entsteht.

Trockenspritzverfahren

Betonspritzverfahren, bei dem Zement und Zuschläge von Silos aus mit Druckluft durch eine Förderleitung einer Spritzdüse zugeführt werden und im Gegensatz zum Nassspritzverfahren erst dort mit dem Wasser vermischt werden.

Unterzug

Balken bzw. Träger, der meist der Unterstützung einer Decke dient, um deren Lasten auf Stützen oder Wände zu übertragen. Balken und Deckenplatte sind im monolithischen Betonbau miteinander verbunden (↑Plattenbalken).

Vierendeelträger

Rahmentragwerk (benannt nach Arthur Vierendeel), das aus einem oberen und unteren Riegel sowie mehreren Rahmenstielen (Pfosten) besteht, die im Wesentlichen biegesteif miteinander verbunden sind.

Voute

Stetige Verdickung einer Platte oder
eines Balkens zu Auflagern hin, um die
Nutzhöhe des Bauteils in diesen
Bereichen zu vergrößern.

Zeiss-Netzwerk

Von Walther Bauersfeld entwickeltes
und 1922 von der Firma *Carl Zeiss*
zum Patent (DRP 415.395 und 420.823)
angemeldetes räumliches Netzwerk
aus Stahlstäben, das als Vorläufer
heutiger Gitterschalen gelten kann.

Zugring

Hier: unterer verstärkter Schalenrand
zur Aufnahme der im unteren Kuppelbereich wirkenden und in Meridianrichtung veränderlichen Ringzugkräfte
sowie des Horizontalschubs der
Kuppel bei nicht lotrechter Endtangente
der Meridiane.

Anmerkungen

1 **Kleinlogel,** Adolf: [Rezension von] Handbuch der Architektur, IV. Teil, 4. Halbband, Heft 4: Hallenbauten. Von Ludwig Hilberseimer, Leipzig 1931. In: *Beton und Eisen* 31 (1932), Nr. 3, S. 52.

2 **Ein Wunder in Eisenbeton.** In: *Leipziger Neueste Nachrichten,* 18. 4. 1928.

3 **D[elpy],** E[gbert]: Der interessanteste Bau der Jetztzeit. In: *Neue Leipziger Zeitung,* 22. 4. 1928.

4 **Cabral,** Mario: A maior cúpula do mundo. In: *Cimento Armado* 1 (1930), Nr. 11, S. 35.

5 **Delahalle,** R[omain] R[obert]: Une Visite à la Foire de Leipzig. In: *La Construction Moderne* 44 (1929), Nr. 30, S. 366–376, hier S. 373 *("la plus formidable des constructions en ciment armé qu'il m'ait été permis de voir").*

6 **Pabst,** Richard: Die Frischerhaltung von Lebensmitteln. In: *Deutsche Bauzeitung* 68 (1934), Nr. 3, S. 46–49.

7 **Dischinger/Rüsch 1929.**

8 Ebenda, S. 327.

9 **Remmele 1998.**

10 **Dischinger,** Franz: Schalen und Rippenkuppeln. In: Fritz von Emperger (Hrsg.): *Handbuch für Eisenbetonbau,* 3. Aufl.,1928, S. 151–371.

11 **Dischinger 1929.**

12 **Lange 1984.**

13 **Fruchtbar. Rekonstruktion der Großmarkthalle in Leipzig 1993.**

14 **Brandl/Quade 1988.**

15 Zu Werk und Biographie vgl. Manfred Specht (Hrsg.): *Spannweite der Gedanken. Zur 100. Wiederkehr des Geburtstages von Franz Dischinger.* Berlin: Springer, 1987.

16 **Dischinger/Rüsch 1929,** S. 346.

17 Ebenda.

18 **Schöne,** Lutz: *Eisenbetonschalen zwischen 1898 und 1928.* Reihe Berichte aus dem Bauwesen. Aachen: Shaker, 2011.

19 **Dischinger:** Schalen und Rippenkuppeln. (s. Anm. 10), S. 288.

20 Dischingers Beförderung erfolgte vermutlich parallel zur Erteilung der Prokura durch die *Dyckerhoff & Widmann AG* am 5. 10. 1922 (*Dyckerhoff & Widmann AG,* Übersicht der Prokuristen seit 1907, Typoskript, [ca. 1953], Archiv DM M, München, FA 010/118).

21 Hierdurch wurden im Übergangsbereich von der Schale zum Ringanker identische Ringzugspannungen erzeugt. (**Dischinger,** Franz: Die Schalen im Bauwesen, Manuskript, [1947], S. 52, Archiv DN TU Bln).

22 *Jenaer Glaswerk Schott & Gen.,* Jena, an *Dyckerhoff & Widmann AG,* Nürnberg, 4. 9. 1924, Archiv DM M, FA 010/120.

23 **Kurze,** Bertram: *Industriearchitektur eines Weltunternehmens. Carl Zeiss 1880–1945.* Erfurt: Thüringisches Landesamt für Denkmalpflege und Archäologie, 2006, S. 77–79.

24 **Romeu i Costa,** Jordi: Josep Puig i Cadafalch: obres i projectes des de 1911. In: Albert Balcells (Hrsg.): *Puig i Cadafalch i la Catalunya contemporània* [Institut d'Estudis Catalans, Secció Històrico-arqueològica: Jornades Cientifiques; 13]. Barcelona: Institut d'Estudis Catalans, 2003, S. 161–180, hier S. 174.

25 **Dischinger:** Schalen und Rippenkuppeln. (s. Anm. 10), S. 127.

26 DRP 431.629: Pfettenloses Eisenbeton-Tonnendach, Firma *Carl Zeiss,* Jena, ausgegeben am 8. 7. 1926. Dischinger wurde zwar in der Patentveröffentlichung nicht namentlich genannt, fand aber in der Zeiss'schen Patentrolle als Miterfinder Erwähnung (s. Anm. 23), **Kurze:** *Industriearchitektur...* (S. 346, Anm. 218].

27 Ebenda, S. 125.

28 Diese Hilfskonstruktion wurde nun aber gedoppelt, wodurch sie eine deutlich größere Steifigkeit erhielt.

29 **Spangenberg,** Heinrich, in: Bericht über die XXVIII. Haupt-Versammlung des *Deutschen Beton-Vereins (E. V.) am 23., 24. und 25. Februar 1925.* s. l.: Deutscher Beton-Verein, 1926, S. 129. Bei der Ende des 19. Jahrhunderts von Joseph

Melan für den Brückenbau entwickelten „Melan-Bauweise" wurden selbsttragende Stahlfachwerke einbetoniert und dienten als Bewehrung.

30 Zum problematischen Verhältnis zwischen Dischinger und Finsterwalder siehe **May,** Roland: Schalenkrieg. Ein Bauingenieur-Drama in neun Akten. In: *Beton- und Stahlbetonbau* 107 (2012), Nr. 10, S. 700–710.

31 **Schöne:** *Eisenbetonschalen...* (s. Anm. 18), S. 180.

32 **Dischinger:** Schalen und Rippenkuppeln. (s. Anm. 10), S. 288.

33 **Dischinger,** Fr[anz]/**Finsterwalder,** U[lrich]: Eisenbeton-Schalendächer System Zeiss-Dywidag. In: *Der Bauingenieur* 9 (1928), Nr. 44, S. 807–812, Nr. 45, S. 823–827 u. Nr. 46, S. 842–846, hier S. 843.

34 Zur Frage der Analogien zwischen Rotations- und Vieleckschalen erstellte Dischinger noch vor Baubeginn der Leipziger Kuppeln die erste Fassung seiner späteren Dissertationsschrift (**Dischinger,** Franz: *Die Membrantheorie der antisymmetrisch belasteten Rotationsschalen und Vieleckskuppeln,* Typoskript, Wiesbaden-Biebrich, Januar 1928, Archiv DN TU Bln).

35 Dischinger erkannte erst später, dass sich auch Rotationsschalen nahezu ohne Unterstützung zwischen den Auflagern selbst tragen konnten (**Dischinger,** Fr[anz]: *Eisenbetonschalendächer Zeiss-Dywidag zur Ueberdachung weitgespannter Räume* [Erster Internationaler Kongreß für Beton und Eisenbeton, Lüttich, September 1930]. Lüttich: Ed. La Technique des Travaux, 1930, S. 31]. Dementsprechend ging er davon aus, dass deren Stützen „*in geringen Abständen angeordnet werden [müssen], weil der Zugring nicht im-stande ist, die Lasten der Kuppeln und sein Eigen-gewicht auf große Strecken durchzutragen und zugleich die sehr hohen Torsionsmomente zu übernehmen, die durch die Krümmung des Zugringes zwischen den Tragsäulen bestimmt werden"* (**Dischinger/Finsterwalder:** Eisenbeton-Schalendächer... (s. Anm. 33, S. 812).

36 Zu Werk und Biographie vgl. **Hubert Ritter und die Baukunst der zwanziger Jahre in Leipzig.** Schriftenreihe für Baukultur, Architektur, Denkmalpflege, Reihe A; 1. Dresden: Sächsisches Staatsministerium des Innern, 1993.

37 So überarbeitete Ritter etwa die Planung für den *Rundling* binnen zweier Jahre wenigstens drei Mal grundlegend.

38 Archiv StdA L, StVAkten, M. 12, Bd. 6, Bl. 5.

39 Archiv StdA L, StVAkten, M. 12, Bd. 6, Bl. 12.

40 **Ritter,** Hubert: Zweimal Krieg und dreimal arm. Geschehnisse und Gedanken, unveröff. Manu-skript, S. 13, Archiv RN AM Mü.

41 **Ritter/Dischinger 1927,** S. 161.

42 Das Verlangen nach einprägsamen monumen-talen Bildern ist ein durchgehender Zug nahezu aller Entwürfe Ritters, erkennbar in den großen städtebaulichen Raumfolgen des General-bebauungsplans, in seinen Siedlungsentwürfen und Krankenhausplanungen.

43 **Ritter 1930,** S. 289.

44 Ebenda.

45 Gedruckte Protokolle der Stadtverordneten-sitzungen, Jg. 1927, 26. Sitzung v. 13. 7. 27, S. 971, Archiv StdA L.

46 [**Doorentz,** Richard?]: Protokoll über die Verhandlung am 6. 8. 1927 betr. den Kuppelbau der Großmarkthalle, 6. 8. 1927, Archiv ABD L, Bestand Zwickauer Str. 40–44, Mappe „Bd. IIa 1927/28, Großmarkthalle II".

47 Zu Werk und Biographie vgl. **Kupfer,** Herbert: Hubert Rüsch (1903 bis 1979). Der Wegbereiter des modernen Massivbaus. In: *Jahrbuch 1997 der VDI-Gesellschaft Bautechnik.* Düsseldorf: VDI-Verlag, 1997, S. 227–287.

48 *Dyckerhoff & Widmann AG,* Leipzig, an W. Gehler, 31. 8. 1927, Archiv ABD L, Bestand Zwickauer Str. 40–44, Mappe „Bd. IIa 1927/28, Großmarkthalle II". In der Folge begutachtete Gehler als Korreferent auch Dischingers an der TH Dresden bei Kurt Beyer verfasste Dissertation.

49 Bauleitung Neubau Großmarkthalle an das
Baupolizeiamt Leipzig, 5.6.1928, ABD L,
Bestand Zwickauer Str. 40–44, Akten des Rates
der Stadt Leipzig in Baupolizeisachen, Bd. II,
Großhandels-Markthalle, lfd. Nr. 44.

50 Erinnert sei etwa an den *Marché de la Madeleine*
in Paris (1824–38, Marie-Gabriel Veugny) oder
den Fischmarkt im *New Hungerford Market*
in London (1835, Charles Fowler) – Anlagen,
die auch Marksteine in der Entwicklung des
eisernen Hallenbaus waren und gerade deshalb
in der zeitgenössischen Fachwelt weite Beachtung fanden.

51 **Heim,** Rudolf: Die neue Markthalle in Breslau
zwischen Garten- und Friedrichstraße.
In: *Deutsche Bauzeitung,* Beilage *Mitteilungen
über Zement, Beton- und Eisenbetonbau* 5 (1908),
Nr. 7, S. 49–52; **Küster,** H[einrich]: Die Verwendung des Eisenbetons bei den Breslauer Markthallen. In: *Deutsche Bauzeitung...*6 (1909),
Nr. 8, S. 33–36, Zitat ebenda S. 36;
Gryglewska, Agnieszka: *Wrocławskie hale
targowe 1908–2008.* Breslau: Muzeum Archi-
tektury, 2008. Erhalten ist nur eine der beiden
Hallen, die heutige *Hala Targowa.*

52 **Schachner,** Richard: Der Neubau einer
Großmarkthalle in München. In: *Deutsche Bau-
zeitung* 44 (1910), Nr. 78, S. 621–624, u. Nr. 80,
S. 645–649; **Rueb,** B./**Keller,** A.: Konstruktion
der Großmarkthalle am Südbahnhof München.
In: *Deutsche Bauzeitung,* Beilage *Mitteilungen
über Zement, Beton- und Eisenbetonbau* 8 (1911),
Nr. 2, S. 9–13, u. Nr. 3, S. 17–20.

53 Die längsrechteckige Grundrisskonzeption
von Frankfurt konnte in Leipzig allerdings
keine Anwendung finden: Die am Vorbild der
Münchener Großmarkthalle orientierten
Vorentwürfe (s. S. 52) hatten hier bereits eine
Hallentiefe von rund 75 m verbindlich festgelegt.

54 **Markthallen in Reims und Leipzig.** In: *Wasmuths
Monatshefte für Baukunst und Städtebau* 14 (1930),
Nr. 3, S. 105–119. Die Reimser Halle ist gut
erhalten; nach einer Grundinstandsetzung

wurde sie im September 2012 wieder der Öffent-
lichkeit übergeben.

55 Alle Zitate ebenda S. 115, 118.

56 Zur Breslauer Jahrhunderthalle s. v. a.:
Trauer, [Günther]/**Gehler,** [Willy]: Die Festhalle
in Breslau. In zahlreichen Teilen in: *Armierter
Beton* 6 (1913), Nr. 2, 4, 5, 6, S. 49–231; 7 (1914),
Nr. 1–3, S. 8–101; **Berg,** Max: Die Jahrhundert-
halle und das neue Ausstellungsgelände.
In: *Deutsche Bauzeitung* 47 (1913) Nr. 42,
S. 385–389 u. Nr. 51, S. 460–466; **Hersel,** Otmar:
Die Jahrhunderthalle zu Breslau – Zum 75jäh-
rigen Jubiläum der Halle, einem Monument
des Stahlbetonbaus. In: *Beton- und Stahlbeton-
bau* 82 (1987), Nr.12, S. 313–317; **Ilkosz,** Jerzy:
*Die Jahrhunderthalle (Volkshalle) und das
Ausstellungsgelände in Scheitnig – das Werk
Max Bergs* (Schriftenreihe des Bundesinstituts
für Kultur und Geschichte der Deutschen im
Östlichen Europa; 28). München: Oldenburg, 2006.

57 **Trauer/Gehler** Die Festhalle... (s. Anm. 56), S. 51.

58 **Dischinger/Rüsch 1929,** S. 439.

59 **Craemer,** H[ermann]: Scheiben und Faltwerke
als neue Konstruktionselemente im Eisenbeton-
bau. In: *Beton und Eisen* 28 (1929), Nr. 13,
S. 254–257, u. Nr. 14, S. 269–272.
Zu dem an diese Publikation anschließenden
Streit mit der *Dyckerhoff & Widmann AG* um
Patentansprüche auf die Faltwerke s. **Kurrer,**
Karl-Eugen: *Geschichte der Baustatik.*
Berlin: Ernst & Sohn 2002, S. 370.

60 Nach **Dischinger/Rüsch 1929,** S. 345, beträgt
die Masse einer *Vollkuppel* der Leipziger Großmarkthalle 2.160 t; unklar bleibt, ob sich dies
auf die reine Kuppel oberhalb des Zugrings
bezieht (vermutlich) oder aber auf das Gesamt-
tragwerk inkl. der geneigten Tragbögen; dann
läge die Masse gar bei nur ca. 0,36 t/m².

61 Nach **Trauer/Gehler:** Die Festhalle...
(s. Anm. 56), S. 12, beträgt die Masse des
Rippentragwerks 3.970 t, die der Dachdecke
2.370 t, insgesamt also 6.340 t bei d = 65 m.

62 Die flächenbezogenen Massen der Schwedler'schen Kuppeltragwerke lagen selbst bei
großen Spannweiten (>> 50 m) um oder unter
30 kg/m², ein Wert, der selbst von heutigen
Dachtragwerken nur selten unterschritten wird.
Zudem waren sie montagefreundlich, da jeder
einzelne Ring sich bereits selbst aussteift.

63 **Schwedler,** Johann Wilhelm: Die Construction
der Kuppeldächer. In: *Zeitschrift für Bauwesen* 16
(1866), Sp. 7–34, hier Sp. 7f.

64 **Mörsch,** Emil: *Der Eisenbetonbau. Seine Theorie
und Anwendung.* 2. Bd., 1. Hälfte, Stuttgart:
Wittwer, 1926, hier S. 232.

65 **Föppl,** August: *Das Fachwerk im Raume.*
Leipzig: Teubner, 1892; zahlreiche weitere
Publikationen. Vgl. **El-Schasly,** El-Sayed:
*Berechnung der Biegespannungen und Stabkräfte
in Schwedlerkuppeln nach Theorie und Modell-
versuch.* Dissertation ETH Zürich, 1942.
Zu Schwedler allgemein s. u. a.: **Hertwig,** August:
*Johann Wilhelm Schwedler. Sein Leben und sein
Werk.* Berlin: Ernst & Sohn, 1930.
Auch: **Kurrer,** Karl-Eugen: Johann Wilhelm
Schwedler. In: Jörg Haspel et al. (Hrsg.):
*Baumeister, Ingenieure, Gartenarchitekten –
Biographien zur baulichen Entwicklung Berlins*
(Berlinische Lebensbilder 11), Berlin 2013
(im Druck).

66 Genauere bautechnische Beschreibungen
der Florentiner Domkuppel reichen bis ins
19. Jahrhundert zurück, ein erster Markstein
war hier: **Durm,** Josef: Zwei Großconstruc-
tionen der italienischen Renaissance. In: *Zeitschrift für Bauwesen* 37 (1887), Sp. 353–374
(zu Florenz), 481–500 (zu Rom), dazu im Atlas
Tafeln 43–46. Aus der großen Menge neuerer
Publikationen seien in Hinblick auf ihre statisch-
konstruktiven Analysen hervorgehoben:
Graefe, Rainer: Die Kuppeln von Florenz und
Rom. In: Eberhard Schunk (Hrsg.): *Beiträge zur
Geschichte des Bauingenieurwesens,* Bd. 7.
München: Technische Universität München, 1996,
S. 35–53; **Peil,** Udo: Die große Kuppel von

Florenz – Statik und Intuition im 15. Jahrhundert.
In: *Bautechnik* 84 (2007), S. 47–59; **Como,** M[ario]:
A Static Analysis of the Brunelleschi's Dome in
Florence. In: *Proceedings of the IASS Symposium,*
Valencia, 2009, S. 1661–1673.

67 **Dischinger 1929.**

68 Ebenda, S. 101.

69 **Dischinger:** *Die Membrantheorie...* (s. Anm. 34).

70 „Angularem quoque testudinem sphericam
modo per eius istius crassitudinem rectam
sphericam interstruas/ poteris attollere nullis
armamentis:" (**Alberti, Leon Battista:** *De re
ædificatoria.* Florenz: Niccolò di Lorenzo Alamani,
1485, 3. Buch, unpag. [S. 99]; dt. Übersetz.
nach **Graefe:** Die Kuppeln... (s. Anm. 66).

71 **Ritter/Dischinger 1927.**

72 **Fernández Ordóñez,** José Antonio/**Navarro Vera,**
José Ramón: *Eduardo Torroja: Ingeniero – Engineer.*
Madrid: Pronaos, 1999, S. 112f.

73 **Ellerbeck,** [Leopold]: Preisaufgabe der Akademie des Bauwesens aus dem Gebiete des
Eisenbetonbaues. In: *Zentralblatt der Bauverwaltung* 50 (1930), Nr. 24, S. 436–440.

74 **Dischinger:** Schalen und Rippenkuppeln.
(s. Anm. 10), S. 288.

75 **Billington,** David P.: *The Tower and the Bridge.
The New Art of Structural Engineering.*
New York: Basic Books, 1983.

76 **Nerdinger 1993,** S. 43.

77 **Hilberseimer,** Ludwig: Bauten in Eisenbeton
und ihre architektonische Gestaltung.
In: **Vischer,** Julius/**Hilberseimer,** Ludwig:
Beton als Gestalter. Stuttgart: Hoffmann, 1928,
S. 7–20, hier S. 19f.

78 [**Dischinger,** Franz]: Die Zeiss-Dywidag
Schalengewölbekuppeln der Großmarkthalle
Leipzig. In: *Bautechnische Mitteilungen des
Deutschen Beton-Vereins [E.V.]* 3 (1929), Nr. 6,
S. 25–28, hier S. 28.

79 **Flügge,** Wilhelm: *Statik und Dynamik der Schalen.*
1. Aufl. Berlin et al.: Springer, 1934, S. III.

Archive

Architekturmuseum der Technischen Universität
München, Nachlass Hubert Ritter (RN AM Mü)
Archiv des Amtes für Bauordnung und Denkmal-
pflege der Stadt Leipzig (ABD L)
Archiv des Deutschen Museums München (DM M)
Stadtarchiv Leipzig (StdA L)
Stadtgeschichtliches Museum Leipzig (StdM L)
Technische Universität Berlin, Fachgebiet Entwerfen
und Konstruieren – Massivbau, Dischinger-
Nachlass (DN TU Bln)

Literatur

**Die Leipziger Markthallen, ihre Entstehung,
Entwicklung und Bedeutung.** Hrsg. von der
Vereinigung der Großhändler der Städtischen
Markthallen zu Leipzig. Leipzig: Zehner, 1930.
**Fruchtbar. Rekonstruktion der Großmarkthalle
in Leipzig.** In: *Bausubstanz* 9 (1993), Nr. 11/12,
S. 18–24.
**Vom Bau der Großmarkthalle in Leipzig. Zeiss-
Dywidag-Schalengewölbe.** In: *Deutsche Bau-
zeitung 63* (1929), Nr. 64, Beilage *Konstruktion
und Ausführung*, Nr. 8, S. 90f.
Brandl, Heinrich/**Quade,** Jochen: Erprobung der
Trag- und Nutzungsfähigkeit einer Kellerdecke –
Experimentelle Erprobung nach TGL 33407/04
an der Großmarkthalle Leipzig. In: *Bauplanung,
Bautechnik 42* (1988), Nr. 10, S. 443–446.
Dischinger, Franz: Die Theorie der Vieleckkuppeln
und die Zusammenhänge mit den einbeschriebenen Rotationsschalen. In: *Beton und Eisen* 28
(1929), Nr. 5, S. 100–107, Nr. 6, S. 119–122,
Nr. 8, S. 150–156 u. Nr. 9, S. 169–175.
Dischinger, Franz: Großmarkthalle Leipzig.
In: *Bericht über die XXXII. Haupt-Versammlung
des Deutschen Beton-Vereins (E.V.) am 7., 8. und
9. März 1929.* s.l.: Deutscher Beton-Verein,
1930, S. 167–192.

Dischinger, Franz/**Rüsch,** Hubert: Die Großmarkt-
halle in Leipzig, ein neues Kuppelsystem,
zusammengesetzt aus Zeiss-Dywidag-Schalen-
gewölben. In: *Beton und Eisen* 28 (1929), Nr.18,
S. 325–329, Nr. 19, S. 341–346, Nr. 23, S. 422–429,
u. Nr. 24, S. 437–442.
Dix, Ludwig Theodor: Die volkswirtschaftliche
Bedeutung der Großmarkthalle.
In: *Leipzig. Illustrierte Monatsschrift für Kultur,
Wirtschaft und Verkehr 6* (1929/30),
Nr.11 (April 1930), S. 284f.
Fleischer, Katja: Die Großmarkthalle Leipzig.
Eine Übersicht der Quellen. Diplomarbeit Hoch-
schule für Technik, Wirtschaft und Kultur
Leipzig, 2002.
Fratzscher, Kurt R./**Blumert,** Rolf: Spritzbeton.
Instandsetzung der Kuppeldächer der Großmarkt-
halle in Leipzig. In: *Bautenschutz+Bausanie-
rung 18* (1995), Nr. 6, S. 8f.
Hocquél, Wolfgang: Die Leipziger Großmarkthalle.
In: *Bauwelt 84* (1993), Nr. 27, S. 1458–1461.
Hofmeister, H[erold]: Die Grossmarkthalle in
Leipzig. In: Ursula Sebastian (Red.): *3. Wissen-
schaftliches Kolloquium: Geschichte der Bauinge-
nieurwissenschaften, am 17. und 18. Dezember 1986
in Leipzig, DDR* [Wissenschaftliche Berichte
der Technischen Hochschule Leipzig; 1987, 2].
Leipzig 1987, S. 59–67.
Lange, Horst: Bauzustandsermittlung der Stahl-
betonkonstruktion der Großmarkthalle Leipzig.
In: *Wissenschaftliche Zeitschrift der Hochschule
für Verkehrswesen „Friedrich List" Dresden 31*
(1984), Nr. 2, S. 563–568.
Leonhardt, Peter: Moderne in Leipzig.
Architektur und Städtebau 1918 bis 1933.
Leipzig: Pro Leipzig, 2007.
Leonhardt, Peter: „Ein Wunder in Eisenbeton".
Vor achtzig Jahren wurde die Großmarkthalle
eingeweiht. In: *Leipziger Blätter* 29 (2010),
Nr. 57, S. 27–29.

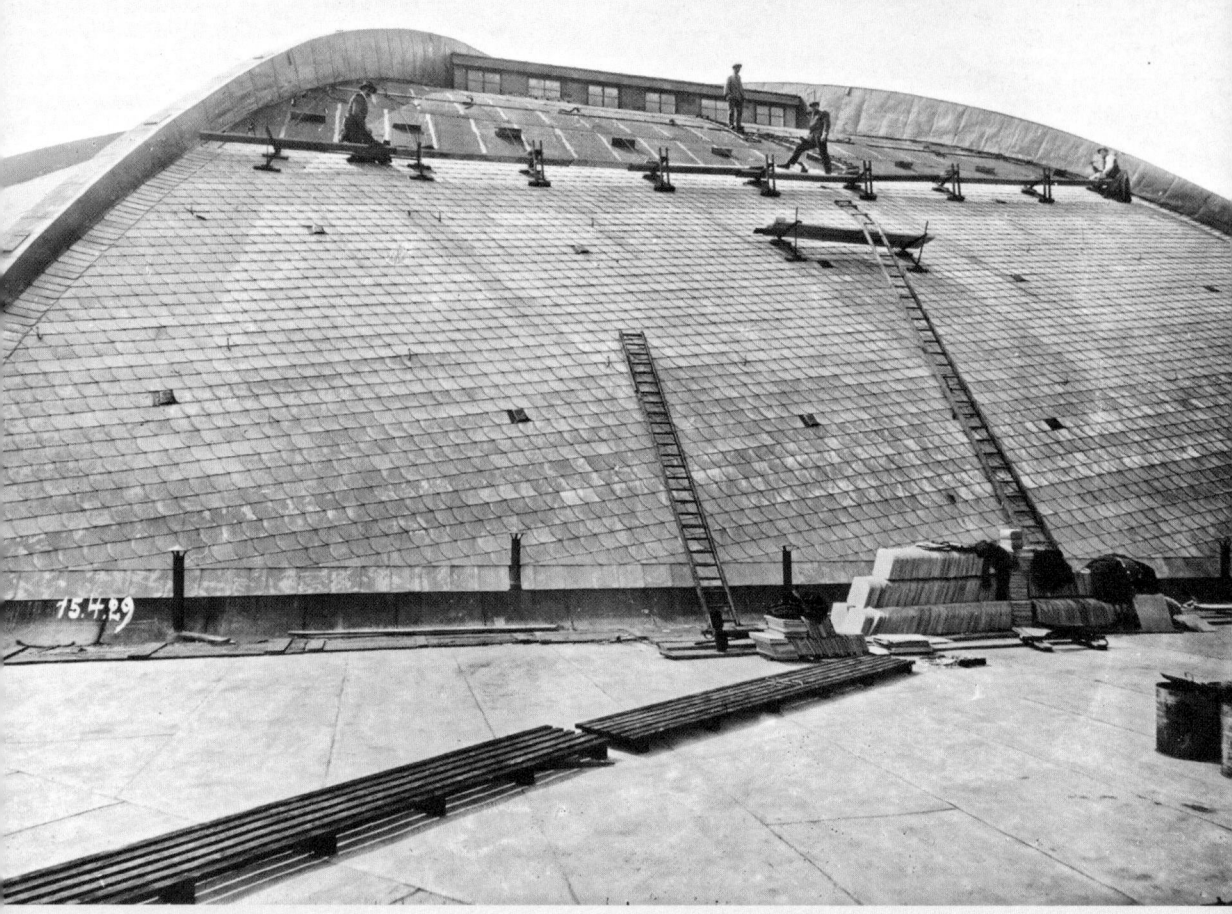

Nerdinger, Winfried: Großmarkthalle und Rund-
ling – Hubert Ritters Hauptwerke und ihre
Stellung in der Architektur der 20er Jahre.
In: *Hubert Ritter und die Baukunst der zwanziger
Jahre in Leipzig.* [Schriftenreihe für Baukultur,
Architektur, Denkmalpflege, Reihe A; 1].
Dresden: Sächsisches Staatsministerium des
Innern, 1993, S. 42–44.

Remmele, Mathias: Die Großmarkthalle Leipzig
von Hubert Ritter und Franz Dischinger
(1927–1929). In: *Der Architekt* 47 (1998), Nr. 6,
S. 324.

Ritter, H[ubert]: Neuzeitlicher Hallenbau in Eisen
und Eisenbeton. In: *Der Bauingenieur* 9 (1928),
Nr. 38/39, S. 693–699.

Ritter, H[ubert]: Der Neubau der Leipziger Großmarkthalle. In: *Die Form* 4 (1929), Nr. 20,
S. 544–547.

Ritter 1930: Ritter, Hubert: Der Neubau der Leipziger Großmarkthalle. In: *Leipzig. Illustrierte
Monatsschrift für Kultur, Wirtschaft und Verkehr* 6
(1929/30), Nr.11 (April 1930), S. 285–290.

Ritter, H[ubert]/**Dischinger,** Fr[anz]: Eine neue
Konstruktion für Großmarkthallen in Leipzig.
In: *Deutsche Bauzeitung* 61 (1927), Beilage *Kon-
struktion und Ausführung*, Nr. 23, S. 161–164.

Sangster, H[endrik]: De groote markthallen te
Frankfort am Main en te Leipzig.
In: *De Ingenieur* 44 (1929) Nr.1, S. B 8–15, u. Nr. 3,
S. B 22–31.

S[chädlich], C[hristian]: Leipzig (grande halle
du marché de). In: Antoine Picon (Hrsg.):
*L'art de l´ingénieur: constructeur, entrpreneur,
inventeur.* Paris: Éditions du Centre Georges
Pompidou, 1997, S. 261–263.

Wonneberger, Hans-Dieter/**Stude,** Dieter: Befestigung von Dachkonstruktion auf Stahlbeton-
schalenkuppel. Großmarkthalle Leipzig.
In: *Pro Sanierung* 2 (1991), Nr. 3, S. 6–10 u. 13f.

Bildnachweis

Archiv des Amtes für Bauordnung und Denkmal pflege der Stadt Leipzig: S. 6, 13 u., 50 u., 52, 54, 55, 56 u. re., 85, 86, 88 o., 100, Umschlag innen, Umschlag hinten o./u.

Архитектура за рубежом 3 (1936): S. 81

Bausubstanz 9 (1993): S. 32

Bennet, T[homas] P.: Bauformen in Eisenbeton. Berlin: Wasmuth 1927: S. 65 u., 67

Bericht über die XXXI. Haupt-Versammlung des Deutschen Beton-Vereins (E.V.) am 27., 28. und 29. März 1928. s. l.: Deutscher Beton-Verein, 1929: S. 47 u.

Bericht über die XXXII. Haupt-Versammlung des Deutschen Beton-Vereins (E.V.) am 7., 8. und 9. März 1929. s. l: Deutscher Beton-Verein, 1930: S. 43

Beton und Eisen 28 (1929): S. 9, 19, 20, 21, 22 o., 24 o., 26 u., 28, Umschlagklappen

Brandenburgische Technische Universität Cottbus-Senftenberg, Lehrstuhl Bautechnikgeschichte und Tragwerkserhaltung (Zeichnungen: cand. ing. Clara Schulte): S. 63, 66, 71, 90

De Ingenieur 44 (1929): S. 56 u. li.

Deutsche Bauzeitung 42 (1908), 44 (1910), 61 (1927) und 139 (2000): S. 11 o., 50 o., 62 o., 70, 77 o./u.

Domes and Cupolas 1 (2013): S. 74

DRP 431.629: Pfettenloses Eisenbeton-Tonnendach, Firma Carl Zeiss, Jena, ausgegeben am 8. 7. 1926.: S. 44

Escuela Naval Militar de Argentina, Capitán de Navío Omar Esteban **Fernández:** S. 79

Hamm, Manfred; **Mende,** Michael: Markthallen. Berlin: Nicolai 2008: S. 61

Heinle, Erwin; **Schlaich,** Jörg: Kuppeln aller Zeiten, aller Kulturen. Stuttgart: DVA, 1996: S. 72, 73

Hertwig, August: Johann Wilhelm Schwedler. Berlin: Ernst & Sohn 1930: S. 69

Hubert Ritter und die Baukunst der zwanziger Jahre in Leipzig [Schriftenreihe für Baukultur, Architektur, Denkmalpflege, Reihe A; 1]. Dresden: Sächsisches Staatsministerium des Innern, 1993: S. 56 o. re.

Internationale Vereinigung für Brückenbau und Hochbau, Erster Kongress, Paris 1932, 19. Mai–25. Mai, Vorbericht. Zürich 1932: S. 78 u.

Kraus, H[einrich] J.; **Dischinger,** Fr[anz] (Bearb.): Dachbauten, Schalen und Rippenkuppeln [F[ritz von] **Emperger** (Hrsg.): Handbuch für Eisenbetonbau; Bd. 12, Tl. 2]. Berlin: Ernst & Sohn, 1928: S. 37 u., 38, 48, 65

May, Roland: S. 2, 10 o.

Neues Bauen in Eisenbeton. Hrsg. vom Deutschen Beton-Verein (E.V.) unter Mitwirkung der Wirtschaftsgruppe Bauindustrie und des deutschen Zement-Bundes. Berlin-Charlottenburg: Zement-Verlag, 1937: S. 42 u., 62 u.

Nitzsche, Gunter: S. 8, 9, 14 o., 14 u., 15, 26 o., 27

Privatfoto: S. 51

Schalengewölbe System Zeiss-Dywidag. Wiesbaden: Selbstverlag, 1927: S. 47 o.

Stadtgeschichtliches Museum Leipzig: S. 7, 12, 13 o., 25, 29 o., 29 u., 31

Stritzke, Jürgen: S. 16, 17, 18, 23, 24 u., 34

Technische Universität Berlin, Fachgebiet Entwerfen und Konstruieren – Massivbau, Dischinger Nachlass: S. 10 u., 22 u., 30, 36, 37 o., 39, 40 o./u., 42 o., 45 o./u., 46, 49, 53, 56 o. li., 57, 58, 59, 78 o., 80, 88 u., 94, Umschlag vorn

Wasmuths Monatshefte für Baukunst und Städtebau 14 (1930): S. 11 mi., 11 u., 64

Trotz entsprechender Recherchen ist es nicht in allen Fällen gelungen, die Rechteinhaber zu ermitteln. Die Bundesingenieurkammer bittet die jeweiligen Personen oder Institutionen, sich mit ihr in Verbindung zu setzen.

Die Schriftenreihe
„Historische Wahrzeichen der Ingenieurbaukunst in Deutschland"

Band 1: **Das Alte Schiffshebewerk Niederfinow**

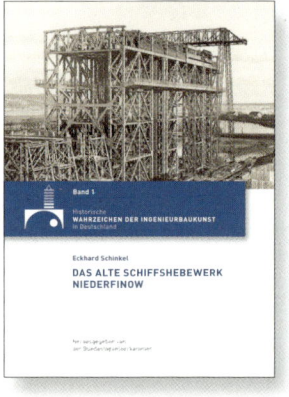

Das Alte Schiffshebewerk Niederfinow ist eines der bedeutendsten deutschen Ingenieurbauwerke. In dem stählernen Koloss überwinden Schiffe einen Höhenunterschied von 36 Metern. Der Autor Eckhard Schinkel beschreibt in der reich illustrierten Broschüre Bau und Geschichte dieses Jahrhundertbauwerks.

ISBN 978-3-941867-12-3, 92 Seiten, 69 Abb.

Band 2: **Die Göltzschtalbrücke**

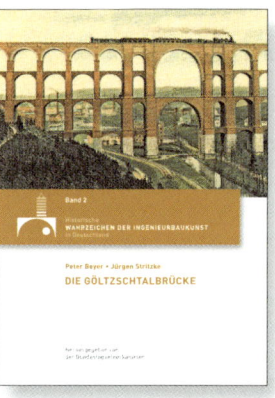

Die 574 Meter lange und 78 Meter hohe Eisenbahnbrücke ist die größte Ziegelsteinbrücke der Welt. Ihr Bau war ein technisches Wagnis ersten Ranges. Die Autoren Peter Beyer und Jürgen Stritzke erläutern Planung, Bau und Geschichte der eindrucksvollen Brücke.

ISBN 978-3-941867-00-0, 98 Seiten, 78 Abb.

Band 3: **Der Fernsehturm Stuttgart**

Der von Fritz Leonhardt entworfene Fernsehturm Stuttgart war der erste moderne Fernsehturm der Welt. Mit seiner schlanken und eleganten Form ist er bis heute einer der schönsten weltweit. Das vierköpfige Autorenteam erzählt mit großer Fachkenntnis, wie aus einer höchst umstrittenen Idee ein Wahrzeichen der Ingenieurbaukunst entstand.

ISBN 978-3-941867-01-7, 72 Seiten, 62 Abb.

Bestellung über den Buchhandel oder bei: Bundesingenieurkammer
Charlottenstraße 4
10969 Berlin

Telefax: +49(0)30-25 34 29-03
www.bingk.de/order-hw

Band 4: **Die Schwebefähre Osten-Hemmoor**

Die in der Kaiserzeit erbaute Schwebefähre über die Oste ist ein ingenieurtechnisches Meisterwerk und eine echte technische Rarität. Die drei Autoren stellen in dieser Broschüre Bau, Konstruktion und die 100-jährige Geschichte dieses filigranen Riesen dar.

ISBN 978-3-941867-02-4, 66 Seiten, 73 Abb.

Band 5: **Die Sayner Hütte**

Die 1830 vollendete Gießhalle der Sayner Hütte wurde vollständig aus vorgefertigten Bauelementen in Eisenguss erbaut. Sie gilt weltweit als Prototyp des modernen, in Serie gefertigten Industriebaus. Paul-Georg Custodis zeichnet die Entstehung und die wechselhafte Geschichte dieses Kleinods der deutschen Industriegeschichte nach.

ISBN 978-3-941867-05-5, 74 Seiten, 75 Abb.

Band 6: **Das Himbächel-Viadukt der hessischen Odenwaldbahn**

In 43 m Höhe überspannt das aus rotem Sandstein erbaute Eisenbahn-Viadukt das malerische Himbächel-Tal im hessischen Odenwald. Es war seinerzeit das höchste eingeschossige Eisenbahn-Viadukt in deutschen Landen. Karl H. Schwinn und Susanne Klingebiel-Scherf schildern anhand neuer Fakten, wie das Viadukt entstand.

ISBN 978-3-941867-10-9, 80 Seiten, 83 Abb.

Rabatt von 15% pro Exemplar im Abonnement,
für Mitglieder der Ingenieurkammern
und des Fördervereins.

Band 7: **Der Leuchtturm Roter Sand**

Der wohl bekannteste Leuchtturm Deutschlands gilt als erstes Off-Shore-Bauwerk der Welt. Sein Bau war eine mit großen Schwierigkeiten verbundene technische Meisterleistung. Die drei Autoren erklären anschaulich, wie der gewagte Bau des in der Wesermündung geplanten Leuchtturms gelang.

ISBN 978-3-941867-06-2, 66 Seiten, 63 Abb.

Band 8: **Der Alte Elbtunnel Hamburg**

Als der Alte Elbtunnel mit seinen prächtig ausgestatteten Schachtgebäuden für die Aufzüge und den verzierten Tunnelröhren 1911 in Betrieb ging, war er eine technische Sensation. Sven Bardua berichtet Neues und Bekanntes über den Bau des großartigen Hamburger Wahrzeichens.

ISBN 978-3-941867-03-1, 120 Seiten, 92 Abb.

Band 9: **Die Fleischbrücke Nürnberg**

Die Fleischbrücke in Nürnberg überspannt die Pegnitz in einem einzigen steinernen Bogen. Sie gilt als das bedeutendste Brückenbauwerk der Spätrenaissance in Deutschland. Für die 1596 begonnene Brücke wurden dicht an dicht 2.123 Pfähle in den schwierigen Baugrund gerammt. Werner Lorenz und Christiane Kaiser schildern Bau und Geschichte dieses fränkischen Kleinods.

ISBN 978-3-941867-07-9, 110 Seiten, 109 Abb.

Bestellung über den Buchhandel oder bei:
Bundesingenieurkammer
Charlottenstraße 4
10969 Berlin

Telefax: +49(0)30-25 34 29-03
www.bingk.de/order-hw

Band 10: **Der Flughafen Berlin-Tempelhof**

Der von 1935 bis 1941 erbaute Tempelhofer Flughafen galt wegen der gelungenen Synthese von Funktionalität und Architektur als richtungsweisend für den Flughafenbau. Seine über 40 Meter weit auskragende Dachkonstruktion war eine ingenieurtechnische Meisterleistung. Thomas Blau vermittelt auf Grundlage alter und neuer Quellen die Besonderheiten der „Mutter aller Flughäfen".

ISBN 978-3-941867-08-6, 108 Seiten, 90 Abb.

Band 11: **Die König-Ludwig-Brücke Kempten**

Die König-Ludwig-Brücke ist eine hölzerne Eisenbahnbrücke, die heute als Fuß- und Radwegbrücke genutzt wird. Der 5 m hohe Träger ruht auf zwei ca. 25 m hohen Natursteinpfeilern. Stefan M. Holzer informiert über Bau und Konstruktion dieser Rarität, bei der als einem der ersten Bauwerke die Tragelemente nicht empirisch, sondern auf Grundlage theoretischer Überlegungen bemessen wurden.

ISBN 978-3-941867-09-3, 90 Seiten, 74 Abb.

Band 12: **Das Pumpwerk Alte Emscher**

Das zwischen 1912 und 1914 gebaute Pumpwerk Alte Emscher war das größte seiner Art und sein Betonkuppelbau gehörte zu den bedeutendsten der Zeit. Alexander Kierdorf erzählt über das Zusammenwirken der verschiedenen Ingenieurwissenschaften bei Konzeption und Bau dieses „Tempels der Technik".

ISBN 978-3-941867-11-6, 96 Seiten, 110 Abb.

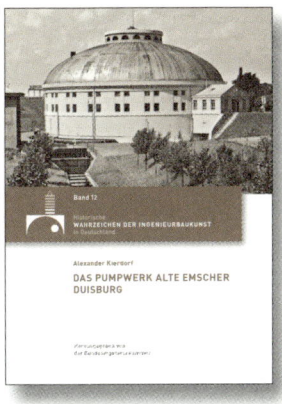

Rabatt von 15% pro Exemplar im Abonnement,
für Mitglieder der Ingenieurkammern
und des Fördervereins.

Band 13: **Die Rendsburger Hochbrücke mit Schwebefähre**

Das von 1911 bis 1913 errichtete Bauwerk galt als die kühnste und bedeutendste Stahlbaukonstruktion Europas. Zusammen mit der bis heute genutzten Schwebefähre ist sie ein Unikum. Erich Thiesen vermittelt Altes und Neues über das hundert Jahre alte Bauwerk.

ISBN 978-3-941867-13-0, 96 Seiten, 82 Abb.

Band 14: **Die Großmarkthalle in Leipzig**

Die beiden in Schalenbauweise errichteten Stahlbetonkuppeln der 1929 fertiggestellten Leipziger Großmarkthalle waren seinerzeit die größten Massivkuppeln der Welt und eine Ingenieurleistung ersten Ranges. Werner Lorenz, Roland May und Jürgen Stritzke würdigen die bautechnischen Besonderheiten des Bauwerks und die Rolle des Bauingenieurs Franz Dischinger.

ISBN 978-3-941867-14-7, 108 Seiten, 103 Abb.

Band 15: **Die Sauschwänzlebahn**

Die 1890 eröffnete Wutachtalbahn ist eine Gebirgsbahn mit allen technischen Raffinessen – vom Kehrtunnel (daher der scherzhafte Beiname „Sauschwänzlebahn") über hohe Dämme bis hin zu langen Viadukten. Stefan M. Holzer beschreibt diesen beeindruckenden Katalog des Brückenbaus und der Bahntechnik.

ISBN 978-3-941867-15-4 (Erscheint: Mitte 2014)

Bestellung über den Buchhandel oder bei: Bundesingenieurkammer
Charlottenstraße 4
10969 Berlin

Telefax: +49(0)30-25 34 29-03
www.bingk.de/order-hw

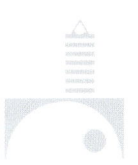

Band 16: **Der Förderturm Camphausen IV**

Der 40 m hohe Hammerkopfturm über Schacht IV der Grube Camphausen gilt als weltweit erster Förderturm in Eisenbeton. 1911/12 erbaut, ist er der älteste Förderturm des Deutschen Bergbaus. Delf Slotta erklärt die beeindruckende Anlage und stellt ihre Architektur in den Kontext der übrigen im Saarland erhaltenen Fördergerüste und Fördertürme.

ISBN 978-3-941867-16-1 (Erscheint: Ende 2014)

Band 17: **Das Neue Museum Berlin**

In der Mitte des 19. Jahrhunderts errichtet, zählt das wieder aufgebaute Neue Museum heute zu den Glanzstücken der Welterbestätte Museumsinsel Berlin. Der Bau des klassizistischen Meisterwerks erforderte ein höchst innovatives bautechnisches Konzept. Werner Lorenz spürt den Feinheiten des Tragwerks nach und entdeckt das Neue Museum als Inkunabel preußischer Konstruktionskunst im Zeichen der Industrialisierung.

ISBN 978-3-941867-17-8 (Erscheint: Mitte 2015)

◀ *Bücherschuber für Bände 1-10 und 11-20.*

Bestellung gegen eine Schutzgebühr. Bei Bestellung eines kompletten Satzes ist der jeweilige Schuber kostenfrei. Abonnenten erhalten die Schuber gratis.

Rabatt von 15% pro Exemplar im Abonnement, für Mitglieder der Ingenieurkammern und des Fördervereins.

Der Förderverein – Helfen Sie mit!

Der 2007 gegründete gemeinnützige Förderverein Historische Wahrzeichen der Ingenieurbaukunst in Deutschland e.V. unterstützt mit Spenden und Mitgliedsbeiträgen finanziell die gleichnamige Auszeichnungsreihe der Bundesingenieurkammer.

Mit seiner Hilfe werden Titelverleihungen, Ehrentafeln, Internetseiten sowie die Presse- und Öffentlichkeitsarbeit für die „Historischen Wahrzeichen der Ingenieurbaukunst in Deutschland" finanziert.

Mitglieder und Spender des Fördervereins tragen persönlich dazu bei, dass in den nächsten Jahren möglichst viele der bereits ausgewählten Bauwerke als „Historische Wahrzeichen der Ingenieurbaukunst in Deutschland" ausgezeichnet werden.

Die faszinierende Geschichte des Bauingenieurwesens verdient es, immer wieder neu vermittelt zu werden. Unterstützen Sie uns mit Ihrem Engagement. Alle Spender erhalten selbstverständlich eine Spendenquittung.

Kontakt

Förderverein Historische Wahrzeichen
der Ingenieurbaukunst in Deutschland e.V.
c/o Bundesingenieurkammer
Charlottenstraße 4
10969 Berlin
E-Mail: info@fv-wahrzeichen.de
www.fv-wahrzeichen.de

Förderverein
Historische
**WAHRZEICHEN
DER INGENIEURBAUKUNST**
in Deutschland e.V.

Spendenkonto

Berliner Sparkasse (BLZ 100 500 00)
Konto-Nr. 13329715